막걸리 커피

막걸리 커피

조성순 수필집

아득북

| 책을 내면서 |

 잔잔하다. 물가의 버드나무가 물속의 제 그림자와 속삭인다. 가지 끝 새순의 여린 마음을 다독이고 있나보다. 한 무리의 청둥오리 그림자를 거슬러도, 산책하는 사람들의 수다에도 방해받지 않는 것은 단단한 심지를 지녔기 때문이리라.
 지난여름 폭우에 수장됐던 아픔을 지운 버드나무는 위풍당당하다. 반짝이는 잎사귀들이 훈장이다. 봄볕에 오종종하던 로제트들도 꽃 피우고 열매를 맺었지만 새싹과 열매를 연결 짓는 것이 늘 어렵다.

 단순하고 단출하게 산다, 주변을 두리번거리며. 잡초를 보고 오가는 사람의 뒷모습을 본다. 구부정한 모습에 세월이 보인다. 아~ 나이는 등으로 먹는구나, 허리에 힘을 주고 어깨를 펴 본다. 스프링처럼 되돌아온다.

마흔일곱 살보다, 쉰여덟 살보다 예순다섯, 65 라는 숫자가 주는 무게가 훨씬 가벼운 이유는 뭘까.

흩뿌려놓은 낱말들이 난분분하다. 솎아주고 김도 멨는데 꽃도 아니요, 열매도 아닌 쭉정이만 남았을까 마음 졸인다. 평설을 써 주신 박순길 평론가와 세 번째 수필집을 낸다고 다독여 준 문우들과 도서출판 이든북 대표에게 감사의 말을 전한다.

2024년 10월

| 목차 |

책을 내면서　　　　　　　　　　　004

1부　　　　　　　　　　　　땡볕 냄새

마침내　　　　　　　　　　　　011
땡볕 냄새　　　　　　　　　　　014
겨울바다, 그 바람 속으로　　　　017
유치원 다니는 애완견　　　　　　020
골목 끝에도 태양은 떠오르는데　　023
동학사의 여름　　　　　　　　　026
노을 단상　　　　　　　　　　　029

2부   초록눈물

공작工作도시	035
인천 바다	039
초록눈물	043
양반 비둘기	048
메마른 습지	052
여름꽃	056
바람의 집	061
무환자나무	065

3부   막걸리 커피

막걸리 커피	073
거위 좀 찾아주세요~!	076
세월이 장애를 만든다	079
주유소가 사라졌다	082
졸업식 날엔 짜장면이지	085
아버지의 집	088
님은 먼 곳에	091

4부   나비야, 나비야

나비야, 나비야	099
두근두근 철원	103
일타쌍피	107
원종린 선생님	111
바다의 숨길	116
꽃구름	121
신박한 3종 세트	125
그리고 겨울	130

5부   노을의 눈물

노을의 눈물	139
제비꽃	143
공 할머니	147
장터목산장	151
매미성	156
봄, 길을 찾아서	161
우산	165
태백은 어디에	169

해설 | 박순길-자연을 스케치하는 여정과 관조觀照   173

1부

/

땡볕 냄새

마침내

비가 내렸다. 산불로 타들어 가던 아픔을 달래주는 고마운 단비에 충분히 뽐내고 충분히 즐겼던 벚꽃도 진다.
벚꽃에 홀렸던 어느 날, 사달이 났다. 차에서 내린 순간 뭔가 허전하다. 인도에 올라서 가방을 뒤적거려보니 핸드폰이 보이지 않는다. 나를 내려놓고 출발한 차도 보이지 않는다. 멍 하다. 뭘 해야 하지?

대청댐 다녀오던 길에 조카와 차 한잔했을 뿐인데, 아무것도 생각나지 않는다. 주위를 둘러보니 다 알만한 가게들인데 선뜻 들어서질 못하겠다. 횡단보도 건너 미용실로 달려갔다. 우선 동생에게 연락해 차 안을 살펴보라 했지만 없단다. 동생이 조카에게 연락해 카페에 알아보니 거기 있었다. 번거로운 과정을 거쳐야 했다.

　언제 무엇 때문에 이렇게 난감해 허둥댄 적이 있었던가? 얼마 전 지리산에 가서 마음을 따라오지 못하는 몸 때문에 난감했고, 워드 작업 중 저장을 제대로 하지 않아 청탁원고가 사라졌을 때 허둥댔지만 이 정도는 아니었다. 어느 방송에서 핸드폰을 잃어버린 사람들이 받는 스트레스는 테러 위협과 맞먹는다며 세상과 단절된 느낌에 하늘이 노랗다고 하더니 과연 그랬다.
　졸지에 내 세상이 닫혔다. 모든 것이 그 안에 있다. 연락처는 물론이고, 카드와 신분증, 잊지 말아야 할 일정이 있으며 가난한 은행도 그 안에, 갤러리엔 지난 추억도 있다. 핸드폰이 내 손에 없다는 걸 안 순간 나는 거리에 있는데 내가 사라진 거 같았다. 비밀번호란 주문을 외면 열리던 요지경 세상이 없으니 암흑이다.

　식탁에서도 핸드폰을 놓지 못하는 아이들을 보며 혀를 차곤 했다. 맛있는 반찬이라도 되는 양 오로지 그쪽으로만 눈이 가고 손이 간다. 보기 편하게 세울 수도 있고 무선이어폰까지 편리하고 다양하게 이용한다. 그렇게 만들어졌으니 한순간도 눈을 뗄 수가 없는 것이다. 걸음마도 시작하기 전부터 눈을 맞췄으니 그 활용 능력

이야 탁월할 수밖에 없지 않겠는가. 요즘 학습 환경을 보면 선행학습을 제대로 한 셈 아닌가.

　버스를 타고 다시 카페로 간다. 버스 안에는 핸드폰을 들여다보는 승객들로 가득하다. 옆자리에 동행이 있어도 각자의 세상만 본다. 나 역시 다르지 않았다. 흔한 게임을 하거나 유튜브를 찾아본 적은 없지만, 책을 읽거나 글을 쓰다가도 조용한 핸드폰을 수시로 들여다보았다. 핸드폰과 분리되었던 한 시간, 불안한 마음은 무겁기만 하였다.

　마침내, 카페에서 핸드폰을 손에 넣었다. 그제야 빛이 들었다. 어둠이 걷히고 닫혔던 공간에 창이 생기고 바람도 들어온다. 휴~!

땡볕 냄새

드물게 보이는 튤립나무 가로수에 다소곳하게 꽃이 피었다. 가로수 밑에서 숨은 듯 피어있는 꽃송이를 찾아본다. 커다란 잎사귀 사이에 연둣빛 꽃송이, 없는 듯 있다.

동네 마트 지나다 쌓여있는 마늘종을 보았다. 마늘종이 뿜어내는 열기에서 땡볕 냄새가 났다. 느닷없는 냄새에 어린 날 기억들이 조각보처럼 펼쳐진다.

한여름을 산골학교에서 보낸 적이 있었다. 흙먼지 속 미루나무 길, 매미 소리 쩌렁쩌렁하고, 바짝 마른 쇠똥 주위에 윙윙거리는 파리떼, 땀과 땟물에 절어있던 우리들은 땡볕 아래 어깨가 벗겨지도록 강물에서 풍덩거리던 머슴애도 계집애도 아닌, 그냥 아이들이었다. 뙤약볕도 소나기도 아랑곳하지 않았다. 산도 물도 거침이 없었다. 그 거친 들판이, 강물이 우리의 또 다른 친구였다.

아직 오월인데 볕이 따갑다. 지금은 집안 형광등에서도 자외선이 나오니 선크림 바르기를 권하는 시대다. 외출할 때 양산에 장갑, 선글라스까지 착용하고 한 치의 빈틈도 허용하지 않는다. 조금만 더워도, 추워도 냉난방기로 적정 온도를 유지한다. 자연이 주는 불편함을 해결해 주는 기계 덕분에 내 한 몸 쾌적하기는 하지만….

마늘종 한 다발을 사다가 염장을 했다. 꼬지지한 추억도 같이 소금물에 담가두었다. 매번 장아찌를 사 먹기만 하다 냄새에 이끌려 처음 시도 한 거사(?)가 성공해야 할 텐데 걱정이다. 마늘종이 짭조름한 장아찌가 되어 먹을 때마다 추억을 떠올릴 수 있을지 오랜만에 자연 친화적인 작업을 했더니 뿌듯하다.

언젠가 땡볕 속에서 뛰놀던 한 아이를 꿈속에서 만날 때쯤 잠에서 깬 적이 있었다. 며칠 후 신기하게 똑같은 꿈을 다시 꾸었는데 그 아이를 기다릴 시점에서 여기서 깨면 안 된다는 생각을 했다. 그럼에도 꿈속에서 그 친구를 만나지는 못했다. 짧고 강렬했던 그해 여름도 어렴풋하고 함께 했던 친구도, 작렬하던 태양도 시들었다. 그날을 보자기에 싸서 가져올 수만 있다면 마술처럼 '땡볕 냄새'가 펼쳐질까.

  조각보 같은 풍경을 되돌릴 수 있기를 바라는 건 헛꿈이다. 지나간 것은 다 아름답다. 튤립나무 꽃처럼 가물가물하다고 없었던 건 아닌데 멀어진 만큼 그리움이 깊은가보다. 순수했던 시절이 간절해지면 푸른 별이 쏟아질 것 같은 단풍나무 아래에서 하늘을 본다. 아파트 담장을 오르는 장미 덩굴과 어깨를 걸고 걸어본다. 지금만 느낄 수 있는 싱그러운 바람, 참 좋다.

겨울바다, 그 바람 속으로

겨울로 되돌리고 싶은 갑갑한 날이다.

지난겨울 포항 여행을 갔다. 호미 반도 둘레 길을 시작으로 하는 일정이 빡빡하다. 우리 대장님, 3년 만에 대형버스로 모이니 보여주고 싶은 곳을 다 욕심낸 모양이다. 포항의 여행명소는 다 있는데 유독 '호미곶과 스페이스 워크'에 설렌다.

섣달인데 안개비가 내린다. 바다에서 강풍을 만났다. 방파제에 부딪히는 큰 파도는 고함 같아 움찔한다. 갯바위가 되어본다. 손 매운 이가 등짝 한 대 후려치는 것 같아 정신이 번쩍 난다. 바닷냄새는 파도 향기가 되어 온몸에 스며든다. 해변을 걷다가 차에 오르면 버스 안도 바다가 된다.

파도는 멀리 있는 바다에서 하얗게 피어나 물머리를 치켜세우며 달려와 방파제에, 갯바위에 부딪혀 불꽃처럼 흩어진다. 몽돌해변에서 숨을 고르고 쉬엄쉬엄 모래사장 지나 다시 바다로 간다. 파도의 높이는 높아만 간다. 정점을 찍고 흩어지는 그 순간순간 파도의 숨결은 노래가 된다. 마치 높이뛰기 선수가 자신의 신기록을 경신하는 순간 같다.

파도에 꽂힌 여기는 포항이다. 포항이라는 단어를 소리 내면 안개꽃 같은 파도로 피어나는 것 같다. 겨울 바다의 참맛은 바람이요, 감칠맛은 파도가 아닌가 싶다. 온종일 세찬 바람 속을 걸었다. 바다 위에 설치된 데크에서, 이가리 닻 전망대에서 날아드는 파도에 휘청거렸지만 속이 후련했다. 해변에 쪼그리고 앉아 물러나는 파도 소리를 듣는다. 대숲에서 조잘대는 참새떼 같고, 자글자글 된장찌개 끓는 소리로 들리는 건 점심시간이 한참 지났기 때문이었다.

죽도시장에 갔다. 바다로 돌아가고 싶은 물고기들은 파닥거리고 활력 넘치는 상인들은 여행객들의 떨리는 속을 데워주느라 진땀이 난다. 구룡포 일본인 가옥 거리, 유명 드라마 촬영지, 호미 반도 둘레길, 가는 곳마다 전국 사투리가 다 모였더니 넓은 식당 안 역시 시끌벅적하다. 요구와 불만으로 식당에서도 풍랑이 인다. 까칠하지만 똑 부러져 할 말 다 하는 그런, 야무진 사람이 부럽다. 마치 매서운 겨울 날씨처럼 바람이 거친 겨울 바다엔 그런 매력이 있다.

바람 덕분에 환호공원 '스페이스 워크'는 운영 중단이었다. 아찔한 스릴을 기대했는데 너무 아쉽다. 해맞이 광장의 거대한 상생의 손이 바다와 육지에서 배웅할 때 우리는 과메기 한 상자씩 안고 알싸하고 비릿한 하루를 곱게 저장했다.

입춘도 지났다. 이제 바다는 더 이상 겨울 바다가 아니다. 봄바람 부는 도시에서 숨이 막힐 때 지난 겨울 바다를 꺼내 본다. 그 파도 소리에 꽉꽉한 마음을 씻어본다.

유치원 다니는 애완견

지난달 친척 결혼식이 있어 수원에 갔다. 결혼식이 끝나고 전세 버스를 기다리는데 커다란 개가 사람들 사이를 휩쓸고 지나간다. 덩치도 덩치였고 위협적인 행동에 움찔할 수밖에 없었는데 입마개도 하지 않아서 불쾌했다. '나도 마스크를 했는데 저놈은 왜 입마개를 하지도 않았냐고?' 저만치 멀어져간 꽁무니에 대고 구시렁거렸다. 하긴 사람보다 더 대우받는 존재이거늘 얻다 대고 감히 삿대질을 할 수 있을까. 애완견이 있는 집안의 서열은 늘 강아지가 일 순위라지 않던가.

강아지나 고양이를 키우는, 아니 함께 사는 가정이 많다. 노부부의 적적함을 달래주기에, 독신자들의 반려동물로, 아이들의 친구로 그들의 위상은 하루가 다르게 높아지고 있다. 강아지 호텔이 있고 그들 전용 카페는 물론이요, 장례식장도 있음은 이미 오래전이다. 어느 날 예능 프로그램에 출연한 연예인이 애완견과 함께하는 하루를 보게 되었다. 그때 강아지 유치원을 알았다. 보호자가 데려다주고 하원 시간에 맞춰 데리러 간다. 놀랍게 유치원 가방에 알림장까지 있었다. 생일파티를 한다고 테이블에 케이크와 간식까지 차려놓고 고깔모자를 쓴 보호자들이 손뼉을 치는 모습도 보았다. 그 장면에 눈살을 찌푸리는 건 가까이에 반려동물과 사는 애견인이 없기 때문이었다.

그런데 얼마 전 언니가 고양이를 입양하여 새로운 개념의 가족의 형태에 진입을 했다. 갑자기 교통사고처럼 맞닥트린 암 때문에 30여 년 지키던 가게를 접어야 했던 언니는, 다행히 수술을 하고 요양 중이다. 졸지에 문을 닫은 가게에 무시로 드나들던 어린 길고양이가 눈에 밟혀 집으로 데려와 집사를 자처하고 있다. 시장을 종횡무진이던 녀석은 화려한(?) 타워와 미끄러운 바닥이 낯설어 한 달 이상 강하게 어필을 했다고 한다. 집안에만 있어 본 적이 없는 언니도 적응이 어렵긴 마찬가지였다. 지금도 베란다에서 시장 천막 지붕을 하염없이 바라보는 녀석이 안쓰러워 문을 열어주고 싶은 마음을 억누른다고 한다. 고양이와 언니는 이심전심, 동병상련 중이다. 우리는 고양이 안부를 물어 언니의 컨디션을 가늠하곤 한다.

지인 중에, 한 집 건너 빈집이라는 고향 집에 모여 사는 자매가 있다. 이들 곁에도 길고양이와 애완견이 함께 한다. 부모 밑에 올망졸망 투덕거리던 형제들이 다시 만났으니 이 또한 새로운 가족의 형태이다. 가족들이 모이는 주말이면 아이들의 관심은 온통 애완동물뿐이라니 살짝 서운하기도 한 할머니들이다. 하지만 그녀들은 말한다. '찾아오는 것만으로 고맙다.'

골목 끝에서도 태양은 떠오르는데

아직 바뀐 숫자에 익숙하지 않다. 출근해서 다이어리에 날짜를 적을 때 2022년이라 쓰다 지우곤 한다. 손에도 눈에도 익지 않은 탓이다.

눈이 많이 내린 다음 날, 영하 12도였는데 새벽에 나갈 일이 있었다. 버스정류장까지 길이 미끄러워 발밑만 보고 걷는데 번쩍 스치는 빛에 고개를 들었다. 전깃줄로 어지러운 까만 골목 끝이 찬란하게 타오르고 있었다. 사진 두어 장을 찍었다.

한 해의 마지막 날이면 밤을 새워 산으로, 바다로 일출 명소를 찾아다녔다. 쫓아가 맞이하지 않으면 나를 외면하기라도 하듯 열정적이었다. 어느 해엔 신바람이 나서 달려가고 어느 날은 의식을 치르듯, 내가 가지 않으면 해가 뜨지 않는다며 유난을 떨었다. 이제 달려갈 열정도 사라졌고 체력도 밤을 새우기 버겁다. 골목 끝에서, 봉긋 동그랗게 솟는 해님이 아닐지라도 일출이다.

아파트는 현관문만 닫으면 절간이 된다. 그 안에서 푸닥거리를 하는지 동안거에 들었는지 알 수 없다. 휴대전화 하나면 다 ~ 되는 세상, 굳이 대면하지 않아도 불편할 일이 없다는 것이 정이 그리운 우리는 아쉽고 MZ세대는 당연한 시절이다.

일부러 골목길을 돌아 재래시장에 가고 우체국도 간다. 느린 걸음으로 두리번거리며 담장 안을 기웃거린다. 멋스러운 향나무와 다양한 화초들로 화려한 정원을 흘깃거리고, 마당에 수세미 매달린 집 앞에서 한참을 서 있기도 했다. 담벼락 아래 맨드라미가 줄지어 있던 집도 있었다. 골목 중간 공터에 블루베리가 익어가는 걸 볼 수 있었는데 지금은 마른 가지에 눈만 소복하다. 커다란 스티로폼 상자에 각종 채소를 심었던 집은 이웃과 소통할까?

오래전엔 낮은 담으로, 열린 대문으로 정으로 버무린 음식이 오갔지만, 지금은 과하게 튼튼한 대문이 차단벽처럼 느껴진다. 그럼에도 아는 집도 없는 골목길을 돌아보곤 한다. 그 길엔 그리운 유년이 깃들어 있다. 빙판에 연탄재가 나뒹굴지 않아도 그 길을 가다 보면 툭툭 튀어나오는 기억에 뭉클하다.

'골목길 접어들 때에／ 내 가슴은 뛰고 있었지／ 커튼이 드리워진 너의 창문을 ／ 말없이 바라보았지~~'

눈을 감고 〈골목길〉을 듣는다, 김현식의 오리지널 버전으로. 가난했지만 꿈으로 가득하던 그 시절 골목이, 사람들이 보인다. 저기 까만 골목 끝에 붉은 태양이 비춘다. 2023년 여기부터 시작이다.

동학사의 여름

 짙푸른 숲이 비를 맞고 있다. 단풍나무도 비목도 긴 장마에 지쳤나 보다. 약속 시간보다 일찍 도착해 혼자 천년고찰까지 걷는 여기는 동학사계곡이다. 승가대학 돌담은 온통 푸른 이끼가 차지했다. 벚꽃이 환한 봄날이면 저 돌담 꽃그늘에 기대어 사진을 찍곤 했는데….

 그동안 계룡산의 한 컷 한 컷이 생각난다. 동학사에서 갑사로, 갑사에서 동학사로 넘나들고, 병사골에서 장군봉에 이르고, 돌계단이 아니면 다다를 수 없는 은선폭포에서 연천봉 관음봉까지, 옆구리에서 날개라도 돋을 것 같았던 자연성릉의 아름다운 풍경, 쌓인 눈 위에서 비박하던 어느 겨울, 어렵게 갈 수 있었던 천단까지. 이제는 너무 멀리 있다.

예전에 백두대간을 탔던 친구들과 계룡산 동학사계곡에서 만났다. 버스에서 밤을 지새워 새벽 산행에서 일출을 맞이하고 며칠씩 해외여행을 가도 산만 다니곤 했다. 세상 모든 길이 산으로만 향하던 시절의 친구들이다. 긴 세월만큼 펑퍼짐해진 우리는 이제 오르기보다 머무르기를 선호한다. 오락가락하는 비를 방패막이 삼아 계곡을 낀 식당에 모여 물안개 피어오르는 산을 올려다보며 지난 시간을 곱씹고 있다. 아직도 열정적으로 산행을 하는 이들도 있다. 남매 탑이라도 다녀오려던 그들의 계획은 좋은 핑곗거리로 인해 없었던 일이 되었다. 우린 꺾인 무릎을 모으고 앉아 삼불봉도 가고 신선봉도 간다.

식당 안에는 삼대가 모여 허리에 튜브를 끼고 해가 나기를 기다리는 손자를 바라보는 할머니의 안타까운 눈빛이 있다. 계곡으로 이어지는 계단에서 숨바꼭질하는 해님과 들락거리는 손자 녀석의 꽁무니만 쫓는다. 우중 산행의 뒤풀이로 파전에 막걸리 잔을 기울이는 이들도 있다. 애석하게도 긴 장마에 파전의 주인공인 '파'는 거의 없다. 그럼에도 산행 뒤풀이에는 빠질 수 없는 메뉴라 기름 냄새가 식당 안을 가득 채운다.

버스가 벚꽃 길을 벗어나 동학사 진입로에 들어서면 왁자한 식당가를 지나야 동학계곡 옛길에 이른다. 동학사의 여름엔 지나친 오락과 아쉬운 명상이 공존한다.

번잡한 상가를 지나 빗소리마저 조용한 숲길을 따라 사찰에 이른다. 대웅전 예불시간, 낮게 깔린 천수경 소리에 발소리를 감추며 돌아 나온다. 그동안 산에서 커다란 바위에 한 뼘쯤 되는 소나무가 자라는 게 매우 신기했는데 저 나무도 바위에 뿌리를 내렸었나 보다. 이제 바위만큼 자란 뿌리로 바위를 끌어안고 있다. 헤아릴 수 없는 뿌리의 시간 속에 동학사계곡이 있고 매미와 다람쥐가 있다. 더불어 우리도 흘러간다.

노을 단상

해가 뜬다. 멀리 식장산 능선이 붉어지면서 달걀노른자 같은 연약한 태양이 떠오르면 안쓰럽다. 도시가 희붐해지고 밤을 지키던 가로등이 점멸하면 주차장이 되는 거리에서 하루를 시작하라는 메시지다. 오랫동안 아침노을과 더불어 하루를 시작했다. 부지런히 일터로 가다 보면 버스 안에서, 혹은 25층 아파트 숲 외벽에서 슬며시 떠오른 태양을 마주하는 일이 다반사였다.

바다에서 거리에서 그리고 베란다에서. 이제 몸을 떠난 노을이 무시로 마음을 쥐락펴락한다.

깊은 산 정상에서 일출을 기다렸던 한겨울 떨리던 시간을 기억한다. 얼음장 같던 하늘에 금이 가더니 용광로에서 쇳물 흐르듯 구름 사이를 가르는 찬란한 빛이 가슴을 뜨겁게 했다. 오랜 기다림이 무색하게 불쑥 솟아오른 해님 덕분에 온 산이 따뜻했다. 눈꽃도 녹이고 언 몸도 데우는 강렬한 빛, 숲에 숨을 불어넣고 도시를 일으키며 사람을, 산새를, 땅속 두꺼비까지 깨우는 희망이었다. 그 힘으로 숨 쉬고 살아가면서 어둠을 쪼아대는 태동보다 화려한 탄생만 감탄했다. 찬란한 햇빛에 벌떡 일어나 하루를 시작하느라 노을을 감상할 여유가 없다. 그래서 일출은 알람이다.

바다에서 노을을 봤다. 하늘인지 바다인지 경계가 모호한 광활함 속에서 서서히 붉어지는 허공은 황홀해서 슬펐다. 노을이 슬프면 나이 들었다는 거라는데 나도 한때 파란 하늘이었다. 해 질 무렵이면 엄마가 보고 싶어 칭얼거렸다. 한여름 태양처럼 열정적인 시간이 지나 나보다 우리를 다독이느라 힘이 빠진 날, 석양은 붉으락푸르락하더니 구름 따라 빛이 달라져 오묘한 보랏빛이 되기도 했다. 가슴속에서 울컥 뜨거운 것이 올라와 시원한 캔 맥주로 눌러버렸던 낮도 밤도 아닌 어정쩡한 해 질 녘, 바닷가 언덕에서 노을을 보는 것은 가라앉는 마음을 붙잡을 줄 알아야 한다. 혼자가 아니어도 혼자인 것 같은 심정은 다행히 사방이 깜깜해지면 이내 사라진다.

갱년기로 후끈 열이 오르고 땀이 흐르면 민망했지만 돌아보니 한순간에 지나지 않았다. 좀 이기적이어도 좋았을 아쉬운 시간이었다. 나이 들어 좋은 게 있다면 감정이 무뎌진다는 거다. 그리 애달플 것도 그리 간절할 것도 없다. 가끔 앨범을 들춰보듯 지난날을 돌아보지만 지금, 여기에 내가 있음을 확인한다. 오늘처럼 집안에서 노을을 본다. 산정이나 명소에서처럼 순간순간 달라지지 않는 순수한 감귤 색이라 멍하게 오래 바라볼 수 있다. 포근하고 아늑해 보여 넓게 팔을 벌려 끌어다 덮고 싶어진다. 그래서 저녁노을은 자장가 같다.

삶이 막막할 때 사람들은 바다를 찾아간다.
넓은 바다만큼 마음이 열리고 아득한 수평선 너머
하늘까지 닿아 새로운 희망이 생긴다.

2부

/

초록 눈물

공작工作도시

그곳은 언제나 봄이다. 아니 여름이다. 일 년 내내 생기 넘치는 초록으로 흥겨운 파라다이스다.

화이트 크리스마스였다. 포근하기만 하던 겨울 날씨가 급변하여 한파특보에 함박눈까지 내려서 진정한 겨울 풍경이 펼쳐졌다. 크리스마스의 설렘을 잊은 지 오래지만 연말 가족여행에 들떠 있었다. 비행기 안에서 밤을 보내고 싱가포르 창이공항을 벗어나자 후끈한 바람이 새삼스럽다. 하룻밤 사이에 기후가 다른 공간으로 왔다는 사실이 신선하다.

싱가포르는 숲이다. 거리마다 커다란 나무 몸통에 작은 식물들을 심어 놓은 것이 신기했다. 도시 전체가 잘 만들어진 정원 같다. '가든스 바이 더 베이'의 영화 아바타 테마정원은 환상적이다. 일 년에 서너 번 주제가 바뀐다고 한다. 크리스마스 축제 불빛 쇼를 하던 슈퍼트리 아래에선 영화 속 주인공이 되어 하늘을 날고 있는 듯했다. 플라워 돔의 모든 식물은 싱그러워야 할 의무가 있다. 조금이라도 시들어간다 싶으면 가차 없이 퇴장을 당한다. 초록의 숲을 유지하는데 맞춤한 기후임을 축복이라 여기며 늘 푸른 도시를 지향하며 관광 상품화했다.

랜드 마크인 '마리나 베이 샌즈'를 비롯하여 도시의 건축물은 또 얼마나 아름다운가. 아파트, 정원, 수족관, 동물원, 쇼핑센터 등 모두 멋있지만 더 놀라운 건 전국에 똑같은 건물이 하나도 없다는 것이다. 디자인이 같으면 허가 자체가 나지 않는다니 놀라울 뿐이다. 어쩌면 작은 나라이기에 가능한 일이겠지만, 국토 횡단이라 해야 30여분을 넘지 않으니 말이다. 여행사의 잘 짜여 진 일정에 의해 전국을 편안하게 돌아보았지만 강물 위에서의 변수도 있었다. 야경을 감상하는 리버크루즈였는데, 강 한가운데서 유람선이 어떤 물체에 걸려 멈춰버렸다. 선원들은 당황스런 모습이었지만 관광객들은 사진 촬영에 몰두하느라 미처 알아채지 못했다. 너무 평화로운 조난(?)이었다. 구조선이 올 때까지 화려한 불빛 쇼를 보며 기다렸던 시간이 기억에 남는다.

어렸을 때 공작 시간에 찰흙이나 종이로 만들기를 했다. 마을 전체를 그려놓고 집을 만들고 나무도 꽃도 만들던 그 시간과 공간 속으로 들어와 있는 기분이었다. 아무런 걱정 없이 엄마가 해 주는 밥 먹고 학교에서는 하라는 대로 하기만 하면 칭찬받던 시절, 꽃피는 산골에서 물장구치던 때처럼 유니버설스튜디오에서 스릴 넘치는 놀이기구도 탔다. 우리나라에서는 근처에도 가지 않던 아찔한 놀이기구에도 당연한 듯 올라가게 되는 늙은 우리가 어린아이가 되었던 날이었다.

깨끗한 도시에서 마음껏 들숨을 쉬면서 즐겼는데 마냥 상쾌하지만은 않았다. 환경을 위해 자동차 수를 최소한으로 제한하기 위한 방법으로 가격을 높이는 쪽을 택하고, 음주문화란 거의 존재하지 않는다고도 했다. 술값이 상상을 초월한다. 소주 한 병이 일만 칠천 원이라나 뭐라나? 자유는 책임이 따르는 교과서적인, 우리가 꿈꾸지만 실천하지 못하는 강력한 규제와 처벌이 존재하며 시행되는 국가. 우리의 불가능이 가능한 곳이라 부러웠지만 불쑥불쑥 올덕스 헉슬리의 '멋진 신세계'가 끼어들기도 했다. 좋은 대학에 가기 위해 치열하게 경쟁하며 공부할 필요를 느끼지 않으며 내 집 마련을 위해 밤새워 일하지 않아도 된다고 한다. 대부분 맞벌이하는 가정이며 집안 살림을 도와주고 아이를 돌봐주는 값싼 인력이 충분하여 여성들에게는 최고의 환경이라고 할 수 있을 것 같았다. 식생활은

외식이 일반화되어 주택 구조마저 주방이 사라져가는 추세라니 우리의 관점에서는 확실히 미래지향적이다. 우리나라도 어떤 아파트에서는 아침 서비스가 있다니 우리의 미래에 싱가포르가 있을 수도 있겠다.

언젠가 〈크레이지 리치 아시안〉이라는 코미디 영화를 봤다. 뻔한 신데렐라 영화였는데 그땐 보이지 않던 배경이 싱가포르였다. 호화롭고 환상적인 풍경이라 영화를 위한 세트장인 줄 알았는데, 실제 그런 나라가 있었다. 연말 여행도 한 편의 영화처럼 지나버렸다.

아름다운 건축물, 싱그러운 자연이 어우러져 거리마다 수목원을 방불케 하는 도시, 싱가포르는 인간이 만든 아름다운 '공작 도시'였다. 우리처럼 사계절을 경험하지 못하는 그들이 지치지 않는 초록 속에서 현기증이 나지 않을까, 부질없는 생각이 스치는 긴 겨울밤, 여행 가방을 정리한다. 후줄근해진 원피스에서, 찌그러진 밀짚모자에서, 공작 도시의 시간이 파릇파릇 되살아난다.

인천 바다

 넓은 품으로 언제나 내 편이던 친구가 떠났다. 바다에 기대어 자글자글 예쁜 파도도 피워내고, 과속으로 심술을 부리기도 했던 나는 바람이었다. 누군가, 무엇인가가 있어야 존재를 드러내는 바람은 바다의 친구다. 바다에도 뿌리가 있다. 뿌리 없는 바람으로 흔들거리던 시간을 붙잡아준, 멀리 있어도 기댈 수 있는 넉넉한 가슴을 지닌 나의 바다였는데….
 바다, 생각만 해도 가슴이 열리고 날아갈 것 같다. 삶이 막막할 때 사람들은 바다를 찾아간다. 넓은 바다만큼 마음이 열리고 아득한 수평선 너머 하늘까지 닿아 새로운 희망이 생긴다. 갑갑한 속내가 후련해지면 싱싱한 바다로 허기와 헛헛함을 달랜다. 삶의 위로와 행복을 주는 바다다.

　TV로 바닷속을 본 적이 있다. 그 아름다움은 황홀경이었다. 산호초 숲속 색색 물고기들의 군무는 지상의 무엇과도 비교할 수 없었다. 반면에 슬프고 안타까운 장면도 있다. 텔레비전 프로 '월간 커넥트'에서 다큐멘터리영화 〈플라스틱 바다를 삼키다〉의 크레이그 리슨 감독과 화상 인터뷰를 했다. 인터뷰와 함께 보여주는 몇 개의 장면만으로도 끔찍했다.

　수많은 생명을 품고 키워내는 바다는 우리의 엄마다. 슬프면 달려가 안겨 울 수 있으니. 아름답고 풍요로운 그 바다 깊은 곳엔 엄마의 화병 같은 암초도 있다. 바라보기만, 최소한의 일용할 양식만 거두었다면 바다는 그야말로 우리의 '바다'였으리라. 신안 앞바다 유물처럼 넓고 넓은 어디쯤 보물을 감추고 있을지도 몰라 우리는 시나브로, 바다의 뿌리를 건드리고 있는지 모른다. 멀고 깊은 바다를 피해 양팔을 뻗을 수 있을 만큼 부둥켜안아 바다를 가둔다. 인간의 욕심에 갇혀 수년간 눈물을 말리고 말려 송도 국제신도시라는 화려한(?) 육지가 생겨났다.

　인천, 그 바다에 서면 그녀가 보인다.
　몸도 마음도 아주 힘들었지만, 엄마처럼 된장도, 김치도 담가주고 너덜거리는 마음까지 다독여주었다. 단독주택 문간방에 세 들어 살며 삼시세끼에 묶여있던 40대 초반, 그녀도 나도 태풍을 만난 파도에 휩쓸려 몸을 가눌 수 없었다. 벗어나고 싶은 날에 묶여 학창 시절이나 곱씹으며 탈출구를 찾곤 했다. 그 시절 우리는 '델마와 루이스'에 빠져 있었다. 그녀들처럼 숨 막힐 듯한 일상을 탈출해 자유롭게 날고 싶었다. 통쾌하고 아슬아슬한 여행을 보며 스트레스를 푸는 것으로 만족할 뿐이었지만 많은 위로가 됐다.

내가 인천을 떠난 지 10여 년이 지난 어느 날, 그녀는 췌장암이라는 암초와 부딪혔다. 심신이 고달프다는 하소연은 카톡으로 들어왔지만 당황스러웠다. 수술과 항암을 하며 용감하게 맞서는 동안 몇 번밖에 만날 수 없었다. 허물어져 가는 모습을 보이기 싫다며 한사코 만나기를 거부했었다. 올봄, 그녀는 희망이 보인다며 지친 몸으로 세계적 난국을 불사하고 바다 건너 독일까지 갔다고 했다. 여름이 시작되고 있었다. 용기를 내서 모험을 감행했지만 한 줌 재가 되어 돌아왔다는 연락을 받고 멍했다.

낯선 땅에서 얼마나 외롭고 무서웠을까. 감히 그 마음을 짐작할 수 없다. 우리가 좋아했던 영화처럼 바닷속으로 날아간 그녀. 아픈 몸으로 그 먼 여행을 떠날 때 이미 절벽 위의 '델마와 루이스'를 꿈꿨을까. 나는 남았다. 마지막까지 친구라기보다 엄마 같은, 큰언니 같은 존재로 내 걱정하며 든든한 잔소리만 하더니 하얗게 핀 파도 같은 국화 속에서 활짝 웃고 있다. 그녀가 그냥 바다 같다. 그 언저리에서 난 깃들 곳 없는 바람처럼 휘청거릴 뿐이다.

초록눈물

지난해 11월, 언니 몸에서 초록물이 빠지고 있었다.

온몸이 노랗게 물든 언니는 수액을 뽑는 나무처럼 바늘을 꽂은 채 몸 밖으로 수액을 내보냈다. 끈적이는 녹색 액체가 쉼 없이 흐르는 몸을 이끌고 병원 창밖의 중앙공원의 고운 가을을 보고 있었다. 노란 눈동자에 비친 가을은 얼마나 어지러웠을까.

병원에 가면 소변 줄을 달고 다니는 환자를 보는 것은 흔한 일이다. 모아진 비닐 팩에 소변이 있음은 당연하지만 언니가 달고 있는 비닐 팩에는 초록물이 가득해 놀랐다. 담도가 막혀 담즙을 빼내고 있다고 했다. 토해내지 못한 한숨, 삭히지 못한 고통이 뭉치고 뭉쳐 숨통을 막을 작정이었는지 언니를 옥좼던 끈적이는 액체가 고약할 따름이다. 담즙을 다 빼내고 나야 정확한 진단을 할 수 있다니 하루가 일 년 같은 시간이었으리라.

언니는 소화가 안 되는 날이 계속되어 소화제를 먹으며 지내다 며칠 만에 만난 아들의 성화로 응급실에 갔다고 했다. 멀쩡하게 걸어 들어가는 사람을 환자로 받아 주겠냐는 걱정을 하면서. 그러나 정상인의 수십 배가 넘는 황달 수치로 병원에 묶여 버렸다. 졸지에 중환자가 되어버린 언니는 계속되는 검사와 떨어지지 않는 수치에 지쳐 있었다. 슬기로운 시장 사람으로 30여 년 자리를 지킨 현장에서 갑자기 퇴출당한 기분도 감당하기 힘들었을 것이다.

언니는 여장부요, 재래시장 지킴이였다. 재래시장 통로는 천막으로 하늘을 가려서 눈, 비를 피할 수 있지만 바람이 드나드는 것은 막혀있다. 겨울에는 견딜만하다지만 여름에는 찜통 속이나 마찬가지다. 가게 안이라고 해야 겨우 엉덩이나 붙일 수 있는 쪽마루가 전부다. 일 년 열두 달, 하루 열두 시간 이상을 그 공간에 있었다. 긴 세월 무슨 일만 생기면 하소연을 하는 친정 동생들 뒤치다꺼리에도 두 팔을 걷어붙인다. 어디 친정 식구뿐이랴, 친인척, 시장 사람들, 하다못해 TV에 나오는 사람들에게 전화 기부를 하고 눈물이라도 보태야 하는 그야말로 대한민국을 걱정하는 팔뚝 굵은 아줌마였다. 매일 반복되는 동작으로 어깨와 허리 통증으로 병원에 다니며 새벽 수영까지 늘 바지런했다.

그해 가을은 몇 년 만에 유난히 고운 단풍이라며 코로나임에도 불구하고 단풍명소마다 관광객이 붐비던 때였다. 도심의 공원도 절정의 가을로 화려하기만 했다. 입원 소식에 놀란 가슴으로 달려가는 기차 안에서 스치던 풍경도, 병원에서 보이는 중앙공원의 단풍도 너무 고와서 우리는 더 슬펐다.

겨울을 준비하는 나무처럼 잎을 떨어뜨리고 가지를 쳐내며 비워내기를 하던 언니를 멀리서 지켜보기만 해야 했다. 항암치료를 하느라 병원을 드나들 때도 곁에 있어 주지 못하고 해를 넘겼다. 다행히 단단한 언니는 쓰나미처럼 덮친 병마에 무너지지 않았다. 불행 중 다행으로 수술이 가능했고, 퇴원 후 2주 동안 약을 복용하고 한 주는 휴약 하는 방법으로 항암치료를 시작했다. 아무 준비 없이 맞닥트린 낯설고 두려운 일상은 약부터 먹고 밥 챙겨 먹고 또 약 먹고 운동하는 단조로운 시간이었다. 멀리 있는 우리를 대신해 지척에 있는 시장 사람들이 반찬도 해다 주고 함께 운동도 하며 불안한 심정을 덜어주었다. 그 고마운 시간 동안 언니의 항암치료는 반환점을 돌았다. 겨우내 호수공원을 몇 바퀴씩 돌아 만 보를 채울 만큼 열심히 운동을 했고 일터에 나가지 않고 전업주부로 지내는 하루에도 어느 정도는 적응을 한 것 같다.

가로수 가지 끝이 통통하게 물이 오르기 시작한 어느 날, 우리 세 자매는 동해바다로 여행을 갔다. 해마다 진행하던 일정이 코로나와 언니의 발병으로 중단되었다가 이제 물꼬를 튼다. 이번엔 든든한 보디가드로 형부와 조카가 동행했고 가이드를 자처한 제부도 함께였다. 작은 배낭 가득 약을 채우고 갇힌 공간에서 벗어나 바다에서 노을을 보고 일출도 본다. 강릉 커피 거리에서 달보드레한 커피로 여유도 부리고, 건강한 맛집을 찾아가고, 드넓은 바다 반짝이는 윤슬을 보며 상큼한 사이다 한잔 마신 듯, 가슴에 별을 품기도 했다. 제주 올레길 가듯 '놀멍 쉬멍 걸으멍' 강릉에서 울진을 지나 영덕까지. 언니는, 걱정했던 우리가 무색하게 다소 무리가 될 '바다부채길' 코스도 우리보다 앞서갔다. 씩씩한 뒷모습을 보며 가슴을 쓸어내린다. 젊은 나이에 돌아가신 엄마가 우리처럼 나이 들었다면 꼭 저런 모습이었을 것 같다. 지금까지 언니는 엄마였다. 앞으로도 여전하겠지만.

메마른 겨울을 보내고 하지 감자를 심을 시기가 됐음에도 가뭄은 여전히 계속되고 있다. 그럼에도 들판은 연둣빛으로 아롱지고 있는 휴일 이른 아침, 소나기가 내린다. 사방은 훤하게 밝고 지나가는 비처럼 내리는 비가 두어 시간이라도 이어졌으면 했는데 감사하게 비는 하루 종일 내렸다. 초록을 재촉하는 비다. 내리는 빗속에 서 있는 나무 끝에 맺힌 물방울이 영롱하다. 오래된 나무를 오래된 내가 바라본다, 지긋이. 감히 우리도 나무처럼 해마다 다시 태어날 수 있으면….

  빗속에 서 있는 나무처럼 간질이는 비에 젖어본다. 내리는 빗줄기가 링거처럼 온몸을 휘돌아, 겨울 동안 언니가 흘렸던 초록눈물을 채울 수 있기를 기원한다.

양반 비둘기

숲이 있는 것도 아닌데 새소리에 잠이 깬다. 아파트 화단 쪽이 아니라 있는 도로 쪽에서 들린다. 요즈음 늦은 밤부터 새벽까지 문을 열어둔다. 에어컨을 끄고 자연 바람을 불러들일 수 있는 시간이 자동차 운행이 뜸한 그때뿐이다. 한뎃잠을 자는 것처럼 새소리가 가깝다.

어렸을 때 여름밤이면 옥상이나 바깥에서 노숙(?)을 했다. 집 앞이 도로였지만 집 집마다 도로를 마당 삼아 평상을 내놓고 모이곤 했다. 수박에 옥수수를 먹다 졸리면 그냥 거기서 잠이 들었다. 그런 밤이 지나 아침이면 희한하게 집안에서 눈을 떴다. 그보다 전에는 산골할머니네 꺼끌꺼끌한 멍석위에서 별을 보다 잠이 들곤 했던 아련한 기억도 있다.

　이제는 꼭꼭 닫아 걸고 산다. 약속이 있어 집을 나서다 멈칫한다. 아파트 앞 도로변에 배롱나무 화단이 있는데 나무 아래 풀숲에서 움직이는 물체가 보인다. 궁금해서 들여다보니 총총 뜀뛰기 하는 참새였다. 통통 튀어 오르는 모습이 신선하고 앙증맞다. 버스 정류장에는 비둘기들이 모여 있다. 사람이 있어도, 자전거가 위협을 해도 아랑곳하지 않는다. 고개를 주억거리며 사람들 사이를 오가며 바닥을 쪼아댄다. 발등이라도 쪼일까 피하게 된다. 비둘기들이야 이미 오래전부터 우리와 보폭을 맞춰왔기에 익숙한 장면이다. 얼마 전 녀석들이 거드름 피우던 장면이 생각난다.

　그날, 점심을 먹고 지하 주차장으로 가고 있었다. 옆에는 자동차 한 대가 주차장으로 들어가는 중이라 한쪽으로 바짝 붙어 섰다. 그런데 운전자가 계속 클랙슨을 눌러댄다. 나는 안전선을 유지하고 있는데 왜, 이상해서 자동차 앞을 보니 비둘기 떼가 진입하는 차 앞을 가로막고 있었다. 계속되는 빵, 빵 소리에도 꿈쩍도 않는다. 두루마기자락 나부끼며 팔자걸음 걷는 양반이 따로 없다. 보다 못한 내가 차 앞으로 나아가 온몸으로 쫓으니 그제야 날아간다. 마지못해 피해준다는 날갯짓이다. 엘리베이터에서 만난 운전자가 고맙다고 인사를 한다. 우리는 서로 헛웃음을 지었다.

저들을 일러 '도시 새'라고 한다더니, 사람을 겁내지 않고 환경 적응도 빠르고 잡식성에 목청은 커지고 무리를 지으니 두려울 것이 없는 상태로 진화한 도시에 사는 새들이다. 주택가 골목의 음식 쓰레기통 주변에 까치들이 모여 있는 걸 보는 건 흔한 일이다. 대부분 날기보다 뛰거나 걷는다. 숲에선 나무와 나무 사이를 포르르 날아 먹이를 구할 수 있지만 거리에서 다르기 때문이겠지. 이제는 참새까지 끼어들었다. 환경이 달라지면 힘겹지만 적응할 수밖에 없나 보다. 해가 바뀔 때마다 기온은 높아져 지구 온난화를 넘어 지구 열대화에 이르렀다. 우리도 작년 여름과 올여름을 비교해 보면 확실히 느낄 수 있다. 오늘도 역시 최고 기온을 갱신하고 있다.

뙤약볕을 피해 살가운 친구와 대청댐에서 만났다. 데크 길을 따라 걷다가 정자에 앉아 반짝이는 윤슬을 보며 멍하게 앉아있었다. 오리들이 물 위에 그리는 기하학적인 무늬도 아름답다. 마치 우리를 위한 공연이라도 하는 듯 두 마리에서 세 마리, 네 마리까지 모여 그림을 그린다. 우아한 몸짓 아래 물에서 열심히 헤엄을 치고 있으니 오리도 물속에서 걷고 있는 게다. 그러고 보니 물가에 모인 새들도 걷는다. 먹이를 찾아 달음박질도 한다. 철원 철새도래지에서 보았던 재두루미도, 바닷가 모래사장에서 갈매기도 그랬다.

숲에선 멀리 있어도 기꺼운 존재지만 도심에서 반갑지 않을 때가 많다. 새들은 하늘을 날 때나 전깃줄에 앉아있을 때 일정한 간격을 유지한다. 그들만의 안전거리라고 한다. 자기들끼리는 안전거리를 확보하면서 인간에겐 너무 훅 들어오는 게 아닌가. 아니 우리가 그들의 숲을 야금야금 축내며 도시로 내몰았음이다. 그러니 우리 집에 왜 왔느냐고 밀어붙일 수도, 흘겨볼 수도 없다. 새들이 그러겠지, 적반하장이라고.

  저녁이면 스마트폰 걷기 앱을 확인한다. 목표했던 걸음 수의 반도 채우지 못했다. 만보 걷기 열풍이 이어진 지 오래 되었지만 이런저런 핑계로 움직임을 최대한 아낀다. 날개를 아끼는 새들도 게으름을 피우는 것인가, 어쩌다 높이뛰기 하듯이 날아오르는 것으로 만보를 채우기라도 하는지 여전히 걷는다. 나도 팔을 열심히 흔들며 걷다 보면 새처럼 날아오르는 건 아닐까? 더위 탓인지, 요즘 유행하는 판타지 드라마 탓인지, 시답잖은 생각이 끼어드는 오늘 아침에도 양반 비둘기는 버스 정류장에서 호통을 친다. 콕(걸), 콕(어), 콕(라). 정신 차리라고 내 발등을 쪼아대나 보다. 따끔거리는 햇살 아래 새들이 걷는다. 참새는 총총, 비둘기는 에헴.

메마른 습지

어쩌자고 버석대는 습지 한가운데까지 들어 왔을까? 황량한 그림 속이다. 조밀한 갈색 들판, 발걸음마다 마른 풀 쓰러지고 우두둑 나뭇가지 부러지는 소리 들린다. 마른 덤불을 뒤덮은 넝쿨식물도 말라버려 이름을 알 수 없다. 검불 속 어떤 나무는 너풀거리는 비닐을 목도리처럼 두르고 있고, 덩치 큰 나뭇가지에 나무 합판 하나 옹골지게 걸려있다. 지붕이었을까, 바닥이었을까? 어린 시절, 뒷산 아래 나뭇가지로 얼기설기 지은 오두막, 작전본부라던 아지트를 닮았다. 해거름이면 골목 끝에서 나무막대기 치켜든 개구쟁이들이 '도둑놈 잡기' 한다며 몰려들었던 놀이터였다. 이제 이름도 생각나지 않는 조무래기들이 이 메마른 습지에 불쑥 나타났다. 더 깊은 곳은 마른 초목 뒤엉킨 정글이다. 폐비닐에 스티로폼 그리고 까칠한 환삼덩굴에 뒤엉킨 나무들로 스산하다.

   퇴색한 습지에 든 건 꼭 병원에서 받은 건강검진 때문은 아니다. 일주일에 두어 번 산 넘고 징검다리 건너 드나들던 길인데 하필이면 오늘 이 길을 알았다. 그동안 갈 수 없는 습지라 길이 없는 줄 알았는데 그 길에서 나오는 한 사람을 만났다. 조금만 가면 길이 좋다기에 들어섰다. 산책길에서는 물론 높은 자전거 길에서 보이지 않던 습지, 무성한 초록에 꽁꽁 숨어있더니 겨울 가뭄에 검불로 뒤덮인 샛길이 오롯이 드러났다. 바람만이 드나들던 길, 찰진 바닥에 미끄러지고 얽히고설킨 마른 풀에 발이 걸려 넘어질지라도 서슬 퍼렇던 날에는 감히 엄두조차 내지 못했을 금지구역이라 성큼 발을 들였는데 그 안에서 내 안의 소리를 들을 줄은 몰랐다. 언제부턴가 내 안에서도 나뭇가지 부러지는 소리가 났다. 앉았다 일어설 때마다 어깃장 놓는 관절들, 겨울 숲에서 나는 소리와 다르지 않았다. 덜컥 무섭기도 했다. 푸석해진 습지 식물들 사이로 물오리나무도, 청미래 덩굴에 말라버린 뽕나무도, 맹꽁이와 더불어 겨울잠을 자는 시간이기에 더듬거리는 내 모습이 이들의 쉼을 방해하는 침략자 같다.

초록이 아름답던 날, 물안개 속 브로콜리송이 같던 버드나무가 회초리같은 빈 가지로 바람을 모은다. 나무그림자 끝에 갑천의 조각보 한 조각인 물웅덩이가 얼어붙었다. 호수만큼 큰 웅덩이에 곳곳에 소가 있는가하면 한 걸음에 건너뛸 수 있는 실개천이 여기는 습지라고 이야기한다. 햇살은 따사롭고 바람은 차다. 말라버린 저들의 이름을 알 수 없어 안타깝다.

어느 해 봄, 쑥을 뜯으러 갔다가 씀바귀처럼 생긴 불그스레한 나물을 알았다. 동행한 이 말로는 이름은 까먹었지만 새콤달콤하게 무쳐 먹으면 봄 입맛을 살린다고 했다. 개울가 비탈진 곳이나 잔디밭에 많아 금방 한 바구니 캐는 것은 어렵지 않았다. 그날부터 몸무게를 늘려준 고마운(?) 나물이었다. 그 잎이 사실은 달맞이꽃 로제트였다는 걸 『숲에서 한나절』 남영화 작가 덕분에 알았다. 다닥다닥 땅바닥에 퍼져나가는 로제트 잎으로는 그 이름을 알 수 없다. 쌉싸래하던 그 나물이 껑충한 달맞이꽃이라곤 상상도 못했다. 그 많은 달맞이꽃 싹을 잘라먹었다는 생각에 속이 울렁거렸다. 꽃피우기 전, 열매도 맺기 전에 사라진 나물처럼, 젖을 먹여보지도 못하고 제 본분을 다하지 못한 가슴에 석회화 침착 병변이 있으니 초음파 검사를 하라했다. 팍팍한 가슴과 메마른 덤불 숲이 동의어 같다.

두 해전 장마에 습지는 몸살을 앓았다. 근처 아파트까지 물에 잠길 만큼 큰 난리였으니 자전거 길까지 흙탕물이 차오르는 건 당연했다. 숲 한가운데는 바다가 되고 거센 물살이 파도 같아 나무까지 쓰러질 지경이었다. 급류에 떠내려오는 온갖 쓰레기와 부딪히며 뿌리에 힘을 모아 버티느라 휘청거리는 모습을 멀리서 지켜보기만 할 수밖에 없었다. 물이 빠졌어도 가까이 갈 수 없는 거기, 그 자리를 의연하게 지킨 나무들이 기특했다. 쓸쓸히 가을을 견디고 묵묵히 겨울 지나 다시 봄이, 씩씩하고 푸르게 빛나길 응원했다. 오늘은 푸석이는 습지지만 늘 그렇듯 스스로 다시 푸르러 다가갈 수 없는 갑천 생태계의 보고, 비밀의 숲이 되리라.

차가운 젤이 가슴을 훑고 지났다. 희끗희끗한 덤불 사이에 죽이어지는 마른 줄기, 그리고 동그란 웅덩이까지 내가 찍은 습지 사진을 옮겨놓은 거 같은 초음파 화면이다. 그저 계절 탓에 황량한 속 깊은 공원을 메마른 가슴으로 걷고 또 걷는다. 따끔따끔 찌르는 도깨비바늘이 악착같이 바짓단에 붙어 집까지 따라왔다. 숲에서 나를 본다. 내일부터는 굳이 덤불 숲을 헤치고 다니지 말아야겠다. 다시 물올라 꽃 피고 지고 짙푸른 숲으로 살아날, 자연의 쉼을 지켜줘야겠다. 검사 결과 별다른 이상 징후는 보이지 않는다는 판정이 났다. 메마른 숲도 고맙다. 이 계절 지나 저력 있는 습지가 활력을 찾을 때 나도 더불어 푸르러지길 애써봐야겠다.

여름꽃

바랭이풀 꽃피는 여름이다. 손톱만 하던 은행나무 이파리가 어느새 손톱만 한 알갱이를 달고 있다. 장마라기엔 무색하게 감질나게 뿌려대는 빗줄기에 햇볕이 숨바꼭질해대니 숨이 막힌다. 다행히 시원한 버스 안에서 바라보는 거리는 활기차다. 휴가철답게 술렁이는 사람들, 발밑에는 사람 사는 세상이 궁금한 잡초들이 불쑥불쑥 나타난다. 보도블록 틈마다 억센 줄기를 뻗은 잡초들, 종류도 다양하고 당당하다. 농가에선 여름은 풀과의 전쟁이라는데 도심의 거리까지 점령한 잡초가 내심 반가운 건 그저 버스 안에서 바라만 보기 때문이리라. 지금 4대 광역시 중심가를 달리는 버스 안에서 보는 풍경이라기엔 좀 어울리지 않지만, 여름, 여름이잖은가.

정류장 앞 약국 문턱에 때늦은 민들레도 피어 버스 안을 기웃거린다. 버스 속도에 따라 스쳐 지나지만, 정류장에 멈췄을 땐 자세히 볼 수가 있다. 가로수 두세 그루 지나면 전봇대 하나 있고, 또 두어 그루 지나면 가로등, 가로수가 질서가 있다. 거리마다 수종은 다르지만, 가로수 밑동엔 흙이 좀 있다. 철근으로 보호 덮개를 했어도 손바닥만 한 그 공간도 그들에겐 숨을 쉴 수 있는 땅인지 풀꽃들이 무성하다. 우리 집 앞 은행나무는 보랏빛 꽃이 핀 맥문동이 다보록하여 제법 단정한데 사무실 앞에는 강아지풀이 뿌리째 뽑혀 누렇게 말라가고 있다. 어떤 식당 앞 가로수는 고추나무 몇 그루에 껑충한 나리꽃을 거느리고 심지어 토란 잎 두어 장도 보인다. 옆에는 쑥부쟁이에 채송화 나팔꽃까지 있어 마치 손바닥 정원 같다. 가게 주인 취향에 따라 가로수 그늘이 달라지는 것 같다. 가게도 건물도 없는 가로수 밑에는 잡초들이 도로까지 진출하고 덩치 큰 플라타너스도 덮을 기세다.

처음 눈에 들어 마음이 갔던 은행나무 밑엔 강아지풀, 까마중, 바랭이가 옹기종기 곁방살이하고 있었다. 그날부터 버스를 타도 길을 걸을 때도 가로수 밑동만 바라보게 됐다. 하루는 8차선 건너편 한약재상 앞에 넝쿨을 뻗는 나무가 보여 궁금했는데, 복지관 옆에도 비슷한 나무가 있었다. 여긴 왕복 2차선이라 잘 보였는데 놀랍게도 포도나무였다. 어떻게 도롯가에서 저만큼 자랐을까, 살뜰한 주인의 손길에 이끌린 넝쿨이 가로수와 전봇대를 이어주고 있었다. 불과 2m도 안 되는 포도 넝쿨에 50년도 넘은 그리운 날이 딸려 나온다. 마당 한가운데 우물이 있고 우물 위로 포도 넝쿨이 드리워졌던 오래전 고향 집 생각에 뭉클하다. 비까지 뿌리니, 더.

가로수 아래 빽빽한 잡초들은 한 지붕 다섯 가족이 넘는다. 우리가 어렸을 땐 대부분 한 지붕 아래 저렇게 어울려 살았다. 우리 집 우물가에도 아직도 이름이 생각나는 많은 가족이 빙 둘러 모여 살았다. 울안 담장 아래에 백일홍에 분꽃 그리고 채송화가 피던 소박한 꽃밭이 있고 우물가에 한 지붕 엄마들이 모여 있었다. 담장 밖엔 칸나와 접시꽃이 보초를 서듯 피었고…. 지금 TV 〈동네 한 바퀴〉에서 천하장사 이만기도 바다 냄새에 어린 시절이 떠오른다고 한다. 하얗게 부서지는 파도도 그에겐 여름꽃이 아닐까. 그 꽃을 보면, 향기가 나면 그날이 떠오른다. 눈만 감으면, 심호흡 한번 하면 열두 살 그 마당에 서 있을 수 있다.

어렸을 땐 볼 수 있는 꽃이 많지 않았다. 학교 화단이나 지서 관사였던 우리 집 담장은 무궁화였고 칸나, 봉숭아, 맨드라미 그리고 분꽃 정도였다. 다문화 시대에 걸맞게 꽃들도 국적이 다양한 지금에 비하면 소박하기만 했다. 계절 따라 피는 꽃 색깔도 순리

적이지 않았나 싶다. 겨울이 끝나면 눈 속에서 피는 복수초를 시작으로 민들레와 개나리 노란빛이 봄을 알리고 진달래가 정점을 찍으면 하얀색으로 옮겨 간다. 새봄의 들뜬 감정을 다스리란 것인지 여름이 시작되면 흰색 꽃이 많았다. 산에 아카시아, 공원에 조팝꽃, 거리에 이팝나무 꽃, 들판에 감자 메밀꽃까지. 여름이 절정이면 꽃들도 정열적으로 되는지 배롱나무 꽃, 맨드라미, 칸나까지 온통 붉었다. 그렇지만 여름엔 강아지풀과 바랭이 그리고 개망초가 대장이다. 그들을 일러 잡초라 싸잡지만, 그 잡초가 곧 여름 꽃이다. 올망졸망 천방지축이던 코흘리개 우리를 닮았다.

시멘트 틈에서, 가로수 밑에서 강아지풀 살랑대고 바랭이가 날개를 펴는 동안 포도나무가 궁금했다. 오늘은 두 눈 부릅뜨고 찬찬히 살펴야지, 버스가 신호에 걸려 잠깐이라도 그 앞에 멈추길 기대했더니 아뿔싸, 포도나무가 아니었다. 대롱대롱 아슬아슬 여주가 네 개나 매달려있다. 하나는 벌써 환한 주황빛으로 익어 간다. 다음날은 일부러 복지관 근처 버스정류장에 내렸다. 포도나무는 성긴 잎사귀 아래 감춘 듯 포도송이를 품고 있다. 꼭 할머니나무 같았다. 과연 먹을 수는 있을까.

칸나와 접시꽃이 보고 싶다. 왜 저 꽃들은 가로수 밑에 없을까?

선운사 상사화도 점봉산 병꽃도 때가 되면 아파트 화단에서 만날 수 있는데 칸나와 접시꽃을 볼 수 없어 아쉽다. 그렇지만 한편 다행이다. 계절에 상관없이 과일도 지천이고 꽃들도 철없이 피게 만드는 세상인데 내 어린 날 꽃들은 그냥 그 시기에 그 자리에 있었으면 좋겠다. 굳이 찾아가 만날 수 있는 고향 같은 그곳에 부모나 친구처럼.

바람의 집

하루 종일 바람이 분다. 사무실 창문을 조금씩 열어두는 건 매일 하는 일인데 오늘따라 건물이 떨고 있는 것처럼 요란하다. 블라인드 부딪히는 소리와 우우 웅 울어대는 소리에 심란하다. 왜 저리 시끄러운가, 창밖을 내다본다. 길을 막은 건물에 부딪히고 나뭇가지에 찢기니 울부짖나 보다. 봄이 왔다고 세상은 무지갯빛으로 찬란한데 이 건물 앞뜰에는 철없이 바람이 분다. 정문으로 이어진 계단 끝까지 한순간도 놓치지 않고 끈질지게 따라붙는 바람이 지키고 있는 여긴 '예술가의 집'이다.

대전 예술가의 집은 30년이 넘는 시간 동안 '시민회관'이었다. 지금도 위치를 설명하려면 옛날 시민회관 자리라고 해야 금방 알아들으니 당시 존재감이 대단했던 모양이다. '예술가의 집'으로 다시 태어난 건물은 '원형의 회전 형태에 모든 면을 유리로 구성해 새로운 이미지를 갖는다는 평가와 더불어 올해의 건축상을 받은 만큼 아름다운 외관을 자랑한다.'고 한다.

 아름다운 외관은 바람에 둘러싸여 있다. 내부에 진입하려면 바람을 통과해야 한다. 공항검색대같이 머리부터 발끝까지 스캔을 당해야 비로소 입성할 수 있다. 건물에 들어와서도 복도를 뱅글뱅글 돌아 사무실에 도착하면 바람에 둘러싸여 있는 것 같다. 그도 그럴 것이 여기 회오리바람처럼 생긴 건물엔 매일매일 바람든 사람들이 드나든다. 십여 개 협회에 회원들이 바람을 만드는 주역이다. 어떤 사람들은 평생 바라보지도 않는 분야에 바람(꿈)을 품고 제 발로 들어와 바람을 일으키고자 한다. 마치 대숲 같다. 최명희 소설에선 '대는 속이 비어서 제 속에 바람을 지니고 사는 것이라 가만히 서 있어도 저절로 대숲에는 바람이 차기 마련이라고' 했다. 어쩌다 보니 대숲에 들어와 있다. 나야말로 속 빈 대나무가 아닌가. 전혀 새로운 일을 시작하려니 하루는 가슴이 탱탱볼 튕기듯 통통거리고, 어떤 날은 타당 탕 마룻바닥에 농구공 부딪치는 요란한 소리가 나기도 했다. 안팎에서 불어대는 바람에 적잖이 당황하며 몇 달이 갔다. 그동안 40년 역사를 가진 전국 백일장행사를 치렀고 코로나로 인해 멈췄던 여름 축제도 몇 년 만의 대면 행사로 무사히 끝냈다. 나머지 낯선 작업만 실수 없이 마치면 가슴이 두근거리는 것도 멈출 거 같은데….

 퇴직한 지 3년, 코로나로 옴짝달싹 못 하다가 마침내, 바람이 지키는 집으로 여행을 왔다고 마음을 굳혔다. 여행은 다른 환경을 접하는 일이다. 새롭다는 건 낯설고 두렵기도 하지만 흥미롭기도 하다. 독수리 타법으로 수필 한편 쓰는 건 재미있고 신이 나지만 사무실 컴퓨터에서는 엑셀 때문에 헤매기도 한다. 긴장 50에 설렘도 50인 여행에 비하자면, 8할이 긴장이요 설렘은 달랑 2할이라는 점이 다르다. 그래도 올해는 여기에 온 힘을 다하려고 한다. 앞으로 두어 번 큰바람(행사)을 거쳐야 한 해가 마무리될 예정이다. 다시금 코로나-19 같은 이변이 없는 한 말이다.

 대숲의 한 귀퉁이, 비에 젖은 바람이 칭얼거린다. 창문에 부딪히며 타닥타닥 콩 타작하는 소리를 낸다. 문을 열자 휘이잉~ 재빨리 고무나무 잎사귀 사이를 지나 종이컵에 서류까지 휘젓는다. 좁은 사무실을 한 바퀴 돌아 스캔을 마친 바람을 가두고 나도 자리를 잡는다. 그렇게 시작되는 하루가 일주일이 지나 한 달, 또 한 달이 후다닥 지났다. 지난 11월에는 부여에서 개최된 전국대표자대회에서

'우수지회'로 선정되는 일이 있었고, 여기저기 이런저런 행사에 다니며 겨울 축제 준비로 바빴고 마침내 축제도 막을 내렸다.

그렇다고 한 해를 마무리할 단계는 아니지만 그래도 한고비 지났으니 휴~ 안도의 한숨에 내 안에 고인 바람 한 점 내보낼 수 있어 다행이다. 새해에도 여전히 바람은 불겠지만 향기 품은 산들바람이길 욕심내본다. 여기 '바람의 집'에서.

무환자나무

시내버스를 두 번 타고 대청댐까지 갔다. 대청호 둘레길을 걷는다. 칡꽃이 향기로운 물가에 백로가 날고 있다. 넓은 코스모스 밭에 드물게 핀 꽃송이, 아직 제 철을 만나지 못했음이다. 야박하게 부는 바람에 등줄기로 땀이 흐른다.

넷 제로를 지향하는 아름다운 마을을 찾아간다. 국내 유일 '넷 제로 마을'은 대전 대덕구 미호동이다. 물론 아름다운 사람들이 있기에 가능한 일이겠다. 대청댐 물가에 있는 미호동은 1950년대 섬 아닌 섬이었다. 교통수단은 오로지 배뿐이었고 배를 두 번씩 타야 신탄진에 나갈 수 있었다 한다. 1980년 대청댐이 생기자 비로소 도로가 생겼고 전기도 들어왔지만 삶의 터전을 잃고 고향마을을 떠나야

했던 이들도 있었다.

그 마을에 청남대 별장을 지키던 파출소 자리가 '정다운 마을쉼터'에서 지난 5월 '넷 제로 공판장과 도서관'으로 거듭났다. 사회적 협동조합 '에너지 전환 해유' 활동가들과 녹색연합 등 5개 단체의 협약과 마을사람들의 협조로 운영되고 있다. 공판장에는 마을 사람들이 직접 재배한 농산물과 친환경 생활용품 등을 판매하며 커피도 마실 수 있다.

이층 도서관으로 간다. '월든 기획전'으로 책 내용이 그림으로 전시되고 환경, 에너지전환, 기후위기와 관련된 많은 도서들로 마을 풍경처럼 초록향기가 물씬 난다. 이 도서관에서 첫 기획으로 『월든』을 선택한 것은 월든 호숫가의 정경이 미호동 마을과 너무도 흡사했기 때문이라 한다. 도서관 통유리 창으로 바깥풍경이 오롯한데 거기 창밖으로 이어진 멋진 테라스도 있다. 테라스에 의자를 놓고 앉아 눈빛을 반짝이는 한국양서파충류협회 문광연 이사의 소개로 우리는 오늘 '월든'에 입성할 수 있었다. 빗방울 떨어지니 재빨리 카메라를 들고 나간다. 저런 열정으로 장태산 이끼도롱뇽이 알에서 부화한다는 사실을 세계 최초로 발견한 것이리라. 미호동을 소개하던 방송에선 멸종 위기 종 맹꽁이합창을 들을 수 있었는데 오늘은 때가 지나 아쉬웠다.

낯선 단어 '넷 제로'는 배출하는 이산화탄소 양에 맞먹는 환경보호 활동을 펼쳐 실질 배출량을 제로(0)로 만드는 것이라 했다. 나무를 심거나 풍력·태양력 발전과 같은 청정에너지 분야에 투자해 오염을 줄이자는 세계적인 운동으로 기후위기가 심각한 오늘, 우리 모두 행동으로 옮겨야 할 일인데 미호동에서 시작을 하니 본받을 일이다.

거리에 울긋불긋 단풍이 들었다. 녹색연합 친구들과 바스락거리는 낙엽을 밟으며 대청댐 물가를 유유자적 거닐다 도착한 도서관. 입구 한쪽엔 커다란 느티나무 아래 벤치가 있고, 한쪽엔 낯선 나무 두 그루가 양팔 간격을 두고 마주 서 있다. 자세히 보지 않으면 그냥 계절에 맞게 단풍 드는 나무쯤으로 지나쳤을, 참나무 같기도 하고 아카시아 잎사귀 같기도 하고 밤나무 꽃 같기도 한 그 이름은 '무환자나무'였다. 뒷동산에만 가도 수많은 초목이 있는데 과연 이름을 아는 나무와 풀은 얼마나 될까? 자세히 보고 이름을 알아보고 그래야 비로소 '네 이름을 불러주어 꽃이 된다.' 하지 않던가.

넷 제로 마을도 그랬다. 대전에 살면서도 알아봐 주지 못했다. 대청댐과 마을이 내려다보이는 〈취백정〉은 제월당 송규렴이 말년에 제자를 모아 학문을 가르치던 강학처였다. 흙담에 어우러진 탱자 열매 노란빛에서 옛 학동들 모습을 그려볼 수 있다. 더 아래쪽으로 가니 조선 고종 때 세운 소박한 효자비〈효자정려각〉에 다다랐다 기품 있는 소나무 두 그루 아래에 멈춰서 잠시 효에 대해 달라진 시각을 생각해 본다. 유서 깊은 문화재가 마을의 뿌리가 아닐까. 더불어 이 아름다운 풍경을 지켜야 하는 우리의 무분별한 행동을 돌아본다. 오늘도 텀블러 챙기지 못한 무심함이라니 솔직히 편리함이 항상 환경문제를 앞선다.

도서관을 지키는 '무환자나무'는 지리산 하동에서 20살이 넘은 상태로 이식을 했다고 한다. 오래전 인도인들이 빨래할 때 양잿물처럼 사용했다는데 우리나라도 아이가 태어나면 오동나무 심듯 무환자나무를 심어 비누대신 사용했다지만, 편리한 제품이 쏟아지면서 점차 사라져 이젠 귀한 나무가 되었다. '인도의 비누'라는 나무열매는 물과 만나면 계면활성제가 나와 화장품원료가 되기도 한다. 불교에서는 염주나무라 불리며 염주로 사용했다니 이미 열매의 효능(코로나 시대 손 소독)을 알았던 시대를 앞서간 지혜로운 조상님을 둔 우리들이라며 뿌듯해한다. 나도 열매를 사다 끓여 설거지를 해본다. 그릇이 뽀드득뽀드득해서 참 좋다.

지역주민이 참여하는 미호동에서는 '생태마을 넷 제로 공판장과 프리마켓' 행사가 이어지고 있다. 대전의 명소 대청댐 가에 아름다운 마을이 전국적으로 알려져 다 같이 '넷 제로'로 향해 갈 수 있으면 좋겠다. 갸우뚱하던 탄소중립 넷 제로라는 단어도 이젠 잘 이해하고 실행하고자 하는 사람이 많아졌으니 참 다행이다.

  탄소중립도 제로 웨이스트 가게도 무환자나무도 낯설지 않은 미호동 사람들에게 물었다. 넷 제로는 당신에게 무엇인가요? 어떤 이는 쌀·누구는 나 자신 혹은 시작·그리고 마을·활력소·미호동이라 답한다. 나에게 묻는다면 '무환자나무'라 하고 싶다. 소프넛 열매를 낳는 나무, 방방곡곡에 무환자나무를 심어 그 취지와 쓰임새를 알리고 활용할 수 있으면 좋겠다. 그 시작으로 전국이 '아름다운 미호동'을 닮기를 기대해 본다.

같은 사물을 보아도 관점이 다르고 사유가 다르다.
내가 하는 이야기에 공감하는 이들이
많으면 좋은 글이 아닐까 싶다.

3부
/
막걸리 커피

막걸리 커피

새벽 어둠이 반이나 남아있는 거리로 빈 유모차를 밀고 가는 할머니가 보인다. 빨간불이 눈을 부릅뜬 횡단보도를 거침없이 건너니, 보는 사람만 조마조마하다. 저만큼 나이들면 무서움도 사라지는 걸까. 절실함에서 비롯된 용기일까? 차도를 지나 약국 앞으로 가더니 구부정한 허리로 이슬 맞은 박스를 접는다. 식전에 둘러봤을 논밭이 아파트가 되어 버린 지금, 담장을 올라가는 호박넝쿨에서 이슬 맞은 애호박 따던 시간을 추억하시나, 손을 움직이면서 눈길은 건너편 슈퍼마켓을 향하고 있다. 누군가, 가게 앞 널브러진 박스를 채갈까 조바심을 내는 모양이다. 사거리라서 횡단보도를 두 번이나 지나야 할 텐데, 제발 초록 불에 건너시라 마음만 전한다.

해가 뜨면 리어카와 유모차에 재활용품을 실은 노인들의 위험하고 위태로운 모습을 많이 본다.

출근길 지나는 고물상, 해뜨기 전 밭일하듯 거리를 한 바퀴 돌아 수확한 물품을 정산하는 노인들이 모여 있다. 노란 플라스틱 박스에 앉아 있는 할아버지, 유모차 가득 폐지를 싣고 막 입구에 들어서는 할머니, 각종 재활용품이 쌓여있는 주변에도 노인들이 막걸리 한 사발 하듯이 종이컵에 커피를 마시고 있다. 일명 '막걸리 커피'다.

우리 아버지도 생전에 믹스커피를 즐기셨다. 밥 먹고 입가심으로 한잔, 간식이 생각나거나 마땅한 주전부리가 없으면 또 한잔, 무료함을 달래주기에 충분했다. 외식하고 출입구에 있는 자판기도 그냥 지나치지 않았다. 동네병원에를 가도, 농협에를 가도, 동사무소에를 가도 손 닿는 곳마다 쉽게 볼 수 있다. 그곳엔 늘 노인들이 함께 한다. 사무실 근처 식당이나 카페에도 반 이상이 '숫자'만 노인인 손님들이다. 어떤 카페에는 '어른 커피'라는 메뉴가 있는데 달콤하고 걸쭉한 믹스커피다. 나이가 들면 입맛은 물론 몸도 마음도 무뎌지는 것 같다. 설렘이 사라진 나이, 성의 경계가 모호해지고 나뭇가지같이 딱딱해진 손으로 주저 없이 악수를 하는, 어쩌면 노인이란 성을 초월한 사람이 아닐까.

근면성실하게 일주일 내내 일만 했던 우리 세대는 이 텁텁한 '막걸리 커피'에 익숙하다. 하지만 오늘의 청년들은 언제 떠나도 아쉽지 않을 만큼만 일을 한다고 한다. 주 삼사일 삼빡하게 일하고 부지런하게 유명카페 찾아다니고 야무지게 해외여행을 해야만 한다. 그런 청년들은 겨울에도 아이스커피를 소지품처럼 들고 다니며 '지금'만 산다던데 과연 그럴까 싶다. 내 주변엔 아직 주 5일 출근하는 직장인이 더 많던데….

나도 출근하면 믹스커피부터 마신다. 출발의 의미가 담긴 아침 루틴이다. 손님이 와도 커피부터 권하니 환영의 의미가 있다. 거리엔 한 집 건너 한 집이 카페요, 골목엔 살던 집을 카페로 꾸민 곳도 종종 볼 수 있다. 그런 카페에서 내린 새침한 커피보다 믹스커피는 살갑고 푸근하다. 오래전 당신들이 논두렁에서 나눠 마시던 막걸리처럼.

거위 좀 찾아주세요~!

새벽까지 폭우가 내리던 월요일, 출근하니 사무실 출입문에 '에어컨 사용 불가'라는 무서운 안내장이 붙어 있다. 지난 주말 벼락으로 인해 실외기에 문제가 생겨 금요일까지 에어컨 사용이 불가하다는 내용이다. 숨이 턱 막힌다.

한동안 재벌들이 등장하는 드라마가 많았다. 정말 저렇게 살까? 도우미들을 식탁의 촛대처럼 세우고 식사를 하는 것은 일상이고, 운동장 같은 정원에서 오케스트라를 불러 가든파티를 한다. 어떤 재벌이 내놓은 어마어마한 미술품을 보니 드라마 속 재벌 모습이 과장은 아니었다. 상상을 초월한 저들의 화폐단위에도 숨이 막힌다.

얼마 전 철판 바비큐장에 갔다. 이른 시각인데 주차장이 거의 다 채워진 상태다. 게다가 주차 중인 차들이 모두 고가의 외제차들이다. 앞서 도착한 이는 주차를 했는데 동생은 더듬거리고 있다. 공간이 있어도 양쪽에 비싼 차들이 조심스러워 망설이다 가까스로 주차를 했다. 당황한 우리 모습에 전자담배를 들고 모여 있던 차주들이 비실비실 웃는다. 다들 젊다.

식사 중에도 화제의 중심은 외제차뿐이다. 이제 막 운전을 시작한 조카들의 관심은 온통 자동차에 가 있다. 이른 저녁이라 손님은 그 팀과 우리 가족이 전부였다. 식당 주인이 오늘이 '포·람·페' 모임이란다. 포르쉐, 람보르기니, 페라리의 집합이라나. 애들은 차에 눈길을 보내고 나는 차주들이 궁금하다. 나이도 젊은데 무슨 일을 하기에 저런 비싼 차를 탈 수 있는지….

내가 아는 돈벌이는 생산적인 것이었다. 농업, 공장, 시장, 공무원, 하물며 부동산투기라도 눈으로 확인할 수 있는 현장이 있었다. 지금 MZ세대의 경제활동에 대해선 듣도 보도 못한 경우가 많다. 들어도 모르고 보아도 알 수 없는 세상, 유튜버, IT업계 운영자, 주식, 코인, 이 중 분명, 그들만 아는 황금알을 낳는 거위가 있는 모양이다. 가상 화폐의 개념을 이해하지 못하는 내겐 이 또한 판타지다. 섣불리 그들의 부모가 궁금하여 '느그 아부지 머 하시노?'라고 묻고 싶었던 속마음 깊숙이 감춘다.

너무 빠르게 달라지는 IT세상에 적응하는 게 어렵다. 차가운 기계보다 얼굴을 보고 말을 주고받는 것이 좋다. 애써 쫓아가면 저만큼의 거리가 또 생기니 주눅이 들어 포기한 현실이다. 몸을 움직여 밥벌이라도 할 수 있으면 다행이라며 건강, 건강만 부르짖는 지금을 인정하면서 씁쓸하다. 젊은이들에겐 확실하지만 내겐 모호하기만 한 세상이 마치 폭우 내리는 거리 같다. 다행히 발등에 불이었던 사무실 에어컨은 사흘 만에 복구되었다. 숨통이 트이니 거위의 거취가 궁금하다. 그 황금알을 낳는 거위는 어디 가면 찾을 수 있나요?

세월이 장애를 만든다

90이 넘은 시인은 휠체어를 타고 오셨다. 한 대학에 문학을 공부하겠다고 모인 동인들의 면면은 다양했다. 이미 등단하여 문단에 이름을 올린 기성문인을 비롯하여, 문학소녀로 돌아가고픈 이들, 학창 시절 교지에 작품을 올려본 이들이 모였던 때는 2005년도였다. 그 대학의 명예교수였던 시인은 카랑카랑한 목소리에 직설적이며 열정이 넘치는 분으로 이미 한국문단의 거목으로 자리하고 있었다. 동인들 모두 학구열이 불타던 시기라 문학회를 결성하고 동인지 창간에 이르기까지 교수님의 도움이 없었다면 불가능했을 것이다.

몇 년의 공백 동안 가끔 통화만 하다가 육 개월 전에 원로문인 초청에서 뵙게 되었다. 그때만 해도 좌중을 압도하는 달변으로 차려놓은 음식이 다 식을 지경이었는데 이날은 통 말씀이 없으시다. 눈을 감고 반은 졸고 계신 모습이 안타까웠다.

어제가 장애인의 날이었다. 지자체마다 기념행사로 여기저기 불러 다니고 사진 촬영에 응해야 하는, 정작 주인공들은 피곤한 날이었을 것이다. 누구나 장애 하나는 가지고 있다. 눈에 보이는 모습이 아니라도, 등급이 주어진 경우가 아니어도. 사람이 모든 면에서 완벽할 수는 없지 않은가.

얼마 전 시각장애인 출판기념회에 갔다. 낯선 일이었다. 시각장애인이 점자가 아닌 책을 출간하여 출판기념회를 개최한다는 사실에 내심 걱정이 됐다. 행사에 가면 그들을 안내하고 도움을 줘야 할 텐데 한 번도 시각 장애가 있는 이를 가까이 만나 본 적도 없는데 어떻게 하지⋯.
가당찮은, 무례한 걱정이었다. 미리 알고 오지 않았다면 전혀 눈치채지 못했을 것이다. 그들은 단상에 오를 때 약간의 도움을 받을 뿐 앞이 보이지 않는다는 걸 전혀 알 수 없었다. '나를 치유하는 글쓰기' 강좌를 3년 동안 진행하여 여성 시각장애인 수필집을 발간하는 데 도움을 준 작가가 있어 조금이나마 알게 되었다. 지금도 여전히 그녀들과 행복을 찾는 글쓰기를 이어가고 있는 작가는 경계를 허무는 사람이다. 굳이 장애 비장애를 구분하지 않고 함께 어울리면 벽은 존재하지 않는다는 걸 몸소 증명하였다. 그 수필집을 보니 선천적으로 시각을 잃은 사람보다 후천적인 경우가 많았다.

그렇다, 세월이 장애를 만든다.
휠체어에 의지한 노시인이나 허리 수술을 한 지인, 보청기를 끼고 나타난 동인이 그런 것처럼 흐르는 시간이 만든 장애다. 흔하게 교통사고나 오랜 지병으로 인해 후천적 장애를 입는다. 육체적으로 멀쩡해도 마음이 병들어 힘들거나, 노환으로 인해 불편을 겪는 이들도 많다. 결국 나도 장애를 겪을 수 있을 텐데 남의 일로만 여겼다. 흐르는 시간을 묶어 둘 수도 없으면서 말이다.

주유소가 사라졌다

 몇 해 전 도솔터널이 개통되면서 집 앞 사거리는 늘 주차장 같다. 부천 언니네 가기로 한 날, 집 앞은 잠시 주차도 어려워 근처에 있는 주유소에서 동생과 만나기로 했다. 칼바람이 부는 횡단보도를 두 번 건너 대형교회 입구에 있는 주유소까지 갔다. 어라~ 감쪽같이 사라진 주유소, 주변을 둘러보아도 아무런 흔적이 없다. 말끔하게 정리된 공간에 승용차 몇 대 세워져 있을 뿐이다. 분명 얼마 전에도 본 것 같은데 좀 당황스럽다.
 하긴 20년째 살고 있는 동네에서 사라진 것이 여기 주유소만이 아니다. 주거래은행이던 씨티은행이 사거리에서 없어지더니 급기야 전국에서 사라졌다. 일 층에 가족사진이 걸린 오래된 사진관 건물이 지난해 사라지고 오 층짜리 주상복합이 들어섰다. 어디 눈에 보이는 건물뿐이랴. 사람도, 풍속도, 눈앞에서 기억에서 사라져 간다.

철들기 전에는 한번 정해진 것은 영원히 바뀌지 않는 줄 알았다. 일 년 내내 벽에 붙어 있던 한 장짜리 달력에 동그란 얼굴을 기억한다. 대통령은 ○○○, 국회의원 ○○○는 불변의 대명사였다. 마치 구구단처럼. 지금은 사라진 국민교육헌장을 외우면서 바가지 들고 시장에 가서 콩나물 사오고, 석유곤로에 쓸 석유를 사러 가면 우물같은 드럼통에서 손잡이가 달린 됫박으로 퍼 주던 시절이었다. 우리집은 그냥 우리집, 사고팔기도 한다는 건 몰랐다. 평생 일을 해도 집 한 채 사기 힘들다는 현실을 모르던 순진무구하던 날로부터 얼마나 멀리 와 있는가.

사라지는 건 그나마 잊히지만 달라지는 것에 적응하기는 참 어렵다. 인터넷과 휴대전화로 소통되는 세상에서, 어떤 사이트는 통합이란 과정에서 사용자들만 혼란을 겪어야 했다. 손바닥에 들어오는 휴대전화 속에는 또 얼마나 많은 미로가 있는지, 차라리 출발을 하지 않는 편이 길을 잃지 않는 방법이겠지만 그럴 수도 없다.

설 명절이 지났다. 색동옷 입고 연 날리던 추억은 민속촌에 박제되어 있고 해외여행을 갔거나 지리산을 찾는 지인들 이야기를 듣는다.

1월 1일은 머리로 사무적이고 이성적으로 다가오는데, 설날은 가슴으로 온다. 감성적이거나 감정적인 것 같다. 아직도 고유한 명절 풍속을 고수하는 집안에서는 명절로 인해 스트레스를 받는 많은 주부가 있다. 시대의 흐름에 따라 풍속도 달라지는 걸 당연하게 여기게 됐다. 그럼에도 여전히 '시댁'에서 명절을 치러내는 이들이 있어 다행이라는 생각이 드는 것은 나이 탓일 게다. 오지랖이지만 그 며느리들에게 위로와 감사를 전하고 싶다.

아파트 입구에서 할아버지 손잡고 아장아장 장난감 가게에 다녀오는 손자를 보는 것이 내가 느낀 설날 풍경이었다.

졸업식 날엔 짜장면이지

 플래카드가 걸려있는 교문을 지나 썰렁한 강당에 가면 시끌시끌한 아이들의 열기로 가득하겠다. 애국가에 이어 연단에 올라 수상을 할 때는 엄숙하다가 '빛나는 졸업장을 타신 언니께'로 시작해 '잘 있거라 아우들아 정든 교실아'에서 눈물 흘리는 아이도 보이겠지. 졸업식 노래는 고운 목소리에 화음이 아름다운 합창단보다 아이들 각자 제멋대로 목소리를 내도 좋겠다. 어느 개구진 녀석의 삑사리에 한바탕 웃을 수도 있는.
 울다가 웃으며 기념사진을 찍고, 친구 찾아 강당을 한 바퀴 돌며 또 사진 찍고 친구들과 손을 흔들며 돌아서겠지. 아쉬워 자꾸 뒤를 돌아보는 아이의 등을 토닥이며 교문을 나서리라 생각했는데….

졸업하는 아이보다 더 설레는 마음으로 졸업식에 갔다. 그런데 아무것도 볼 수 없었다. 아직도 살아있는 불씨, 코로나-19 여파로 교실에서 그들만의 졸업식을 했다고 한다. 영상을 띄워놓고 그 장면을 보는 것이 다였다. 후배들의 영상도 있었지만 화면 속에서도 졸업식 노래는 없었다고 한다.

교실을 나오는 시간에 운동장에서 만나기로 했다더니 아이는 전화로 나왔다고 알렸다. 운동장에는 이미 꽃다발을 든 축하객들이 모여 있었지만 졸업생이 200명이나 될까, 금방 만날 수 있었다. 운동장 조회대 옆에 졸업을 축하하는 대형 플래카드를 걸어서 포토존을 만들어 두었다. 줄을 선 졸업생들은 그곳에서 기념사진을 찍는 것으로 졸업식을 마쳤다.

50년 묵은 정서를 기대했다. 강당은 고사하고 운동장에서 추위에 덜덜 떨며 했던 추억의 현장을 떠올릴 수 있길 바랐다. 요즘 초등학교는 건물 자체도 예쁘고 깨끗하다. 무지갯빛으로 단장 된 강당에서 가족들이 지켜보는 가운데 졸업식을 한 학교들도 많았다고 한다. 작은 학교, 적은 학생이기에 가능한 개인 영상을 보며 한 명씩 단상에 올라 졸업장을 받는 현장은 달랐을까. 꽃봉오리들이 꽃다발을 안고 있었으니 그 향기로 가득하였으리라.

아쉬운 졸업식이었다. '여러분의 새로운 시작을 응원합니다' 라는 인사말처럼 졸업은 곧 새로운 시작이다. 아이는 졸업보다 입학을 기대하는데 난 계속 뒤만 돌아보고 있나 보다. 장소가 어디였든지 내가 보고 싶었던 장면은 아니었을 것이 분명하다.

그나마 달라지지 않은 것은 졸업식 날이나 먹을 수 있었던 짜장면이다. 순전히 우리만의 추억의 음식인 줄 알았더니 여전히 졸업식 날은 짜장면이 대세였다. 세대를 아우르는 시그니처 메뉴 짜장면으로 대동단결해서 다행이었다. 그런데 나는 왜, 오늘 졸업식에서 뭔가 소중한 것을 잃어버린 기분이 드는 걸까.

아버지의 집

 반짝이는 금강, 보드라운 모래사장을 지나 마을로 올라가면 할머니가 반겨주시던 큰집이 있었다. 섬처럼, 배를 타고 강을 건너야 갈 수 있는 외진 곳이었다. 지금은 대청댐에 가라앉아 흔적도 없지만 그 풍경이 생각나면 찡하다.

 강폭이 넓어 삿대를 오랫동안 저어야 했던 나룻배에는 학생들이 가득했고 강 건너 일하러 가는 어른들과 소들, 삼촌 자전거를 태우고도 가라앉지 않았다. 꽁꽁 언 강 위로 하얗게 눈이 쌓인 얼음길을 건널 때면 가슴도 얼어붙는 것 같았지만 정겨운 아버지의 집이었다.

며칠째 바람이 분다. 펄럭이는 태극기가 유난히 눈에 띄는 6월이다. 예전에는 태극기에 눈길도 가지 않고 심드렁하더니 요즘엔 애국가에도 감정이 실린다. 호국 보훈의 달과 위로와 감사라는 단어가 가슴에 와 닿는 6월엔 우리 아버지도 주인공이시다.

아버지를 만나러 간다. 생전에도 7층에 사시더니 지금도 7층에 계신다. 참전용사요, 경찰 공무원이었던 아버지는 지리산 빨치산 토벌 작전에도 참여하여 참전유공자셨다. 아버지가 계신 이천호국원 4구역은 '국가와 민족을 위해 희생·공헌하신 국가유공자들을 봉안담(벽)에 안치하고, 벽면 이미지는 왕건의 신라 말 한반도를 다시 통일한 고려의 역사를 형상화' 하였다. 홍살문부터 숙연하고 경건한 분위기가 벽화 덕분에 아버지의 방문을 열기 전까지 이어진다. 아버지와 눈을 맞추려면 계단으로 된 사다리를 놓고 올라가야 한다. 우리 아파트는 엘리베이터라도 있는데 아버지의 집에는 없다. 엘리베이터가 없어도 아버지는 용궁이 되어버린 그리운 고향 집에 무시로 다녀오시겠지.

봉안당이 아니라 평지였다면 더 흡족했겠지만 늘어나는 묘역을 보며 아쉬움을 거두었다. 묘역이 늘어나는 만큼 전쟁을 경험한 세대는 우리 곁을 떠났다. 이제 그 참혹했던 현장과 절절한 사연을 직접 들을 수 있는 기회는 그만큼 줄어들었다. 책이나 영화로 보는 전쟁과 실제 경험한 이들이 들려주는 이야기는 느낌이 사뭇 다르다. 6·25를 겪지 않은 내가 할머니가 되었으니 후대에 경험을 들려줄 수도 없지 않은가. 생전에 못다 한 이야기는 국립 이천호국원의 여러 프로그램을 통해 우리 자손들에게 전해지리라 믿는다.

호국원 홈페이지에서 사이버 참배를 하고 하늘나라 우체통에 편지를 쓰곤 했다. 편지함에서 유가족들의 편지 제목만 보아도 울컥한다. 호젓하게 선산에 계시는 것보다 동지들과 어울려있으니 다행이다. 현충탑 참배와 묘역 견학하는 꼬맹이들부터 청소년까지 많은 사람이 들고나니 흐뭇하고 든든하다. 여기는 우리가 잊지 말아야 하는 아버지의 집이다.

님은 먼 곳에

 열흘이 넘게 비가 내리고 있다. 하천마다 황토물이 넘실거리니 빗소리도 삼켜버릴 것 같다. 빗길에 묶여 집안에서 TV를 보다 책도 뒤적인다. 책장마다 스민 습기에 한 장 한 장 넘기기가 조심스럽다. 사방이 축축하니 책이라고 뽀송뽀송 할리가 있겠는가. 한때 스며든다는 말이 유행했었다. 월드 스타가 된 연예인의 이름과 붙여서 'ㅇ며들다' 라는 말을 만들어 사람들은 저마다의 무엇엔가 물들어 갔었다.
 더 오래전 도토리를 주고받던 사이트가 한창일 때 난 어떤 정치 사이트에 스며들었다. 그곳의 한 귀퉁이에 '생활의 향기'란 코너가 있어 들락거리다 내 코너가 될 정도였다. 사이트의 성격답게 가열

한 분위기 일색의 기사들로 가득한 가운데 말랑거리는 글이 다소 위안이 되었는지 꽤 호평을 받았다. 이미 알려진 논객들의 칭찬이 날 웃자라게 하여 아직도 빈약한 줄기만 뻗고 있다. 시와 소설보다 수필이라는 장르에 스며들었다. 처음 문학 수업을 받을 때 교수님이 그쪽으로 슬쩍 밀어준 건 문장 때문이었다. 어쩌면 이런 문장을 썼느냐는 과찬에 취해 그 상태에 머물러 있었던 모양이다.

무심하게 책장을 넘기다 켜 놓은 것도 잊었던 텔레비전 속으로 확 빨려들었다. 어떤 가수의 노래 때문이었다. '님은 먼 곳에'라는 노래의 후렴구가 절절한 외침으로 들렸다. 전국을 강타하는 폭우를 뚫는 가창력에 먼 곳에 있던 그리운 사람이 달려 올 것만 같았다. 누구나 알 만한 가요프로에 등장했으니 그는 이미 알려진 가수일 터였다. 화면 속에는 소탈해 보이는 박창근이라는 가수가 '님은 먼 곳에'란 노래를 열창하고 있었다. 그 연약해 보이는 이미지를 부수며 화면 밖으로 튕겨 나올 것만 같았다. 그를 모르지 않았다지만 그냥 김광석 노래 잘하는 가수로만 알았다. 아니 그는 이미 별이 되었는데 나는 하늘을 바라보지 않았던 상황이었다. 경연 프로를 별로 좋아하지 않아 즐겨 보지 않았다. 코로나 시대 온 국민을 한곳으로 집중하게 했지만 그냥 지나쳤다. 임영웅이나 정동원이 갇혀있던 사람들을 위로하던 순간도 박창근이라는 가수가 나타난 것도 결국 나중에 알게 되었다.

오늘 그 유명해진 가수를 자세히 본다. 그의 신상은 굳이 몰라도 노래를 듣는 데 걸림돌이 되지 않는다. 그가 부르는 노래가 참 좋다. 다른 노래도 들어본다. 아~ 저 가수는 저렇게 노래하는구나, 친근한 옆집 오빠나 삼촌같이 스스럼없이 다가갈 수 있을 것 같은 외모로 청중을 휘어잡으며 노래하는구나. 그에게 한순간에 스며든다. 박창근은 산울림과 정태춘의 노래에 감명을 받고 공연장에서 본 김광석에게 큰 영향을 받았다고 한다. 그에게는 수필의 향기가 날 것만 같다.

자기만의 세계에 빠져 노래하는 가수도 있다. 관객이 공감할 수 없는 전문가만의 영역에서 편곡을 하여 잘 알던 대중가요가 낯설어지는 순간도 있다. 지극히 예술적이라지만 누구나 공감하기는 어렵다. 평범하고 보편적이어야 쉽게 다가갈 수 있다. 말하듯이 편안하게 노래하라고 누누이 이야기가 하는 어느 가수의 말처럼 관객이나 듣는 이들은 전문가가 아니다. 가요 한 곡을 듣는 시간이나 수필 한편, 읽는 시간이 다르지 않지만 글을 읽는 사람보다 노래를 듣는 사람이 더 많다. 수필도 노래 한 곡에서 받는 만큼의 감동을 이끌어 낼 수 있는데….

수필은 자신의 이야기다. 나를 사실적으로 드러내려니 민망하기도 하다. 소설이라면 가상의 인물도 부르고 여름에도 눈이 오게 할 수도 있겠지만. 얼마 전에 거리의 포도나무를 보고 쓰기 시작한

글 때문에 그 나무를 보러 세 번이나 다녀오기도 했다. 정작 포도나무에 관한 내용은 단 한 문장에 지나지 않았는데 말이다. 수필가 선배들의 한결같은 이야기처럼 쓸수록 어렵다. 내가 보고 느끼는 모든 것을 풀어내는 작업. 같은 사물을 보아도 관점이 다르고 사유가 다르다. 내가 하는 이야기에 공감하는 이들이 많으면 좋은 글이 아닐까 싶다.

  자세히 보아야 아름답다고 했는데 누가 내 글을 혹은 너를 자세히 보아준단 말인가. 박창근처럼 화들짝 놀랄만한 목청도, 감미롭게 속삭일 목소리도 갖지 못했다. 그의 노래가 빗소리를 뚫고 내 귀에 꽂힌 순간 그가 보이고 궁금해졌다. 오랜 무명의 시기를 보낸 그는 이제 날개를 달았다. 그의 이름이 곧 장르가 되어 불려다니느라 바쁜 그를 보는 팬들은 흐뭇하고 기쁘다.
  채널마다 빠지지 않는 음악프로를 보면 가요가 어려운 클래식처럼 들리기도 한다. 전문가의 편곡보다 늘 들어오던 멜로디가 듣는 이에게는 익숙하여 어떤 날의 추억을 떠올릴 수도 있을 텐데 아쉬운 순간이다. 수필도 어느 부분에서는 가슴을 울릴 수 있어야 하고 오래 기억할 수 있어야 한다. 가수(작가)의 가창력(필력)은 물론 특유의 감성이 묻어나는 소리(문장)가 있어야 청자(독자)의 가슴을 뛰게 할 것이다. 얼마나 더 내공이 쌓여야 그 경지에 다다를 수 있을까. 시대가 달라져도 세대를 아우를 수 있는 명곡 같은 글 한 편 짓기는 요원한 걸까.

  먼 곳에 있을 님을 찾아 두리번거린다. 가수 박창근의 노래와 쉼 없이 내리는 빗소리에 너무 스며든 탓인가 보다.

바다의 숨길은 갯벌의 도로도 밀물에 가라앉고,
갯바위에 붙어 목이 마르던
생명들도 갈증을 달랠 것이다.

4부

나비야, 나비야

나비야, 나비야

 존경하는 수필가 선생님이 손수 바느질 해 만든 파우치를 선물해 주셨다. 작은 책 정도의 크기였으니 그 한 땀 한 땀에 시간과 정성이 얼마였을까. 화려한 나비문양 몸체에 앙증맞은 핸드메이드란 상표까지 달고 있다. 평소 지인들에게 예쁜 손수건 선물을 즐겨하시더니 고운 성정이 사물에까지 배어 있다. 특별한 나비파우치를 받으니 머릿속에서 종소리가 났다.
 등단 초기였다. 이어령 선생의 수필 〈벌의 언어와 나비의 언어〉를 읽고 나비의 언어를 동경하였다. '벌이 꽃을 향해서 행진을 한다고 한다면 나비는 꽃을 보고 춤을 춘다고 하는 편이 어울릴 것이다.' 꽃을 찾아가는 벌과 나비의 모습을 보니 내 글은 벌의 몸짓에 불과한 것 같았다. 그때부터 나비를 꿈꿨다. 마침 함평에서 나비축제를 한다기에 만사 제쳐두고 기차를 탔다. 하루를 나비 속에서 보내야지. 나비만 생각하고 나비와 하루를 뒹굴어보리라. 축제광고를 믿고 나비의 군무를 기대했지만, 내가 본 것은 이제 막 날갯짓을 배우는 아주 적은 수의 나비뿐이었다. 어쩌면 나비는 핑계였다. 등단한 잡지를 보면 동인들은 산티아고 순례 길도 가고 베네치아 여행도 가는데 나만 문구점에 갇혀있는 거 같아 탈출을 감행한 터였다. 내리막길로 들어선 문구점에서 심란하던 때이기도 했다.

어렵사리 꾸려가던 생계수단인 문구점을 접기로 했다. 그 후로 밥벌이에 매어 나비를 잊고 지냈다. 나비가 되고 싶었지만 번데기 상태로 동동거려야만 했다. 나름 꼼지락거렸지만 날개는 돋지 않았다.

힘겹고 갑갑한 시간이었음에도 훌쩍 지나갔다. 10년이었다. 퇴직기념이라는 좀 쑥스러운 명분을 내세워 그동안 모아둔 원고를 출판사에 넘기고 여행을 갔다. 숨어버리고 싶은 참이었는데 마침 형제들과 휴가일정이 맞아 훌쩍 떠날 수 있었다. 8월이었고 울릉도 여행 세 번째 도전 끝에 비로소 열린 뱃길이었다. 첫날 독도까지 다녀올 수 있었던 것으로 이번 여행의 모든 버킷리스트를 이뤘다고 생각했는데, 하루는 일행은 바다로 가고 혼자 성인봉에 올랐다. 무더위에 산보다 해변으로 가는 사람들이 많았는지 정상에 처음 만난 한 부부만 있었다. 서로 기념사진을 찍어주었는데 확인해 보니 나비가 찍혀있었다. 내 머리 위 맑은 하늘에 선명한 파랑색 날개가 빛나는 울릉도 나비였다. 핸드폰으로 찍어 준 사람도 몰랐다니 더 놀라웠다. 보여주는 사람들마다 합성 아니냐며 신기해하니 출판사에 보낸 원고 생각에 홀로 가슴이 뛰었다.

나비를 보면 인생의 변화를 겪거나 그런 과정에 있는 경우라 한다. 희망과 사랑의 상징이라더니 행운까지 따라주어 첫 수필집으로 큰 상을 받았다. 이제야 탈피를 한 것일까. 젖은 날개를 말리고 팔랑팔랑 바람을 만든다. 눈앞이 깜깜한 시상식 현장에 모인 사람들이 나비가 되어 날고 있는 것 같았다.

어렸을 땐 흔하게 볼 수 있었던 나비였다. 발끝에 치이는 들꽃처럼 무심히 스쳐 지날 뿐이었는데 지금은 어디선가 만나면 '와~나비다!'라는 감탄사가 나온다. 이제 일부러 갑천 둔치나 어슬렁거려야 만날 수 있는 환경이 되었다. 어디 그뿐인가. 긴 팬데믹을 겪으면서 우리도 만나서 얼굴을 보기보다 문자나 카카오 톡으로 소통하는 게 익숙해졌다. 식당에 가도, 카페에 가도 주문을 받아주는 사람은 없고 직접 주문해야 하는 키오스크가 있을 뿐이다. 쇼핑도 은행일도 핸드폰으로 하는 세상, 사람들 사이에 기계가 존재해야만 하는 적응하기 버거운 시간이다. 온기와 감정을 나눌 수 없으니 그만큼 감성도 사라져 가는데 선생님의 나비파우치는 시간을 거슬러 산골 외갓집 원두막까지 날 데려간다.

바느질이라고 해야 아득한 가사시간에 홈질, 박음질 실습 이후 해 본 적이 없다. 지금은 어쩌다 단추를 다는 것이 전부인 처지에 감히 선생님이 파우치 만드는 과정을 그려본다. 수많은 원단 중에서 맘에 드는 패턴을 만났을 때 반가움부터, 크기와 모양을 결정하느라 신경이 쓰였으리라. 재단을 하여 한 땀 한 땀 고르게 바느질하기가 여간 어려운 일이 아닐 터, 더구나 촘촘한 박음질은 꼼꼼함과 섬세함을 요구한다. 파우치와 어울릴만한 지퍼를 고르고 고른 듯하다. 자세히 보니 지퍼 손잡이는 새끼손톱만 한데 빗과 거울이 들어있는 가방모양이다. 파우치를 만드는 과정이 글 쓰는 작업과 다르지 않았을 것 같다. 고르고 자르고 다듬고 빗어서 무에서 유를 창조하는 일, 헝겊이라고 다를까.

 선물 받은 파우치에는 함평 나비와 울릉도 나비까지 모두 모여 있다. '나비의 언어'를 찾던 그 마음을 잊지 말라는 메시지다. 이 글을 통해 파우치 덕분에 나를 돌아볼 수 있어 감사하다는 직접 하지 못한 인사를 한다. 나비파우치에 필기도구와 usb를 넣고 매일매일 여닫는다. 나비를 보며 컴퓨터 자판을 두드린다. 아름답게 날아오를 그날까지 이어질 고되지만 설레는 날갯짓을 하는 시간이다.

두근두근 철원

 드넓은 철원평야 추수가 끝난 논, 벼 그루터기 사이사이 서릿발이 하얗게 반짝인다. 논 가운데 재두루미 세 마리가 고개를 주억인다. '와~ 두루미가 왔다.' 철원의 겨울은 철새가 주인공이다. 좀 이른가 싶던 걱정과 함께 철새도래지로 가는 우리 일행의 승용차가 날아간다. 나지막한 산으로 둘러싸인 철원은 고개를 돌리는 곳마다 들판 그리고 군부대다. 철조망을 두른 성벽 같은 산, 도로가에 얼룩무늬 차단벽이 으스스하더니 하늘을 나는 재두루미를 보니 스르르 긴장이 풀린다.
 철새도래지 강둑에 컨테이너로 지은 탐조대가 있다. 유리문이 있는 곳과 사진촬영이 가능한 곳은 뻥 뚫려있다. 마침 비어있는 탐조대가 많아 편리하게 지켜보고 사진도 찍는다. 망원경으로 봐야 할 거리가 아쉽지만 두루미를 위한 최선의 거리이리라. 발목이 잠긴 물속에서 두루미들은 좀처럼 날아오르지 않는다. 두어 마리만 시험 비행하듯 몇 번을 날아 탐방객의 갈증을 해소해 준다. 사진을 찍는 친구는 출사를 나왔다면 하루 종일 아니 하룻밤이라도 묵을 기세지만 오늘은 다른 일정을 위해 자리를 털고 일어선다. 입장료가 15,000원이었는데 촬영소 관리와 철새먹이 구입비로 오천 원을 사용하고 나머지 만원은 철원군 농산물교환권으로 되돌려준다. 식당에서도 사용할 수 있고 택시비로 쓸 수도 있어 철원 군민도 좋고 여행객에게도 좋은 일이란 생각이다.

두루미는 학鶴이다. 정수리가 붉어 '단정학'이라는 두루미는 선비의 고매한 기품과 장수를 상징하는 살아있는 화석이다. 재두루미는 두루미보다 조금 작은 몸집에 몸통이 청회색이다. 오늘은 재두루미 무리 중 단정학이 돋보였다. 두루미보다 학이라 불러야 더 와닿는 건 오래전부터 병풍에서 보았고, 고고한 모습은 학춤으로 재현되고 있어서 일게다. 세계자연보전연맹 위기 종으로 분류된 국제보호 새로 천연기념물이다. 귀한 두루미와 아름다운 만남은 한 시간을 넘지 않았다.

겨울이면 철원을 찾아오는 두루미처럼 우리도 철새처럼 여행을 간다. 이십여 년이 넘은 이십여 명의 산 친구들이다. 여전히 자주 만나며 끈끈하게 인연을 이어온 친구 중 시간이 맞은 다섯 명이 오늘의 동행이다. 겨울이면 매서운 강원도로, 봄이면 남쪽으로 섬을 찾아다녔다. 올해는 코로나로 인해 봄도 여름도 그냥 보낼수 밖에 없어 아쉽고 안타까웠다. 계절이 바뀔 때마다 몸살을 앓는 사람처럼 비실대다가 짧은 1박 2일이라도 뭉쳤다가 흩어져야 생기를 찾는다. '어디'를 가느냐보다 '우리 함께'가 감사하다는 걸 새삼 깨닫게 되는 시간이다.

자랑스럽게 유네스코 세계지질공원으로 인증받은 철원 한탄강 유역에는 순담계곡이라는 신비로운 협곡이 있다. 2주 전에 개통한 순담 잔도는 이 협곡 절벽을 따라 절벽과 허공 사이에 놓인 잔도 십리 길이다. 데크와 철망과 유리다리가 이어진다. 짧은 길이라면 아찔한 경험이겠지만 바닥이 훤히 보이는 다리를 두 시간 넘게 걷자니 좀 겁이 났다. 데크에 올라서야 마음이 놓였지만 그 길은 일 퍼센트에 불과했다. 몇 해 전에 한탄강 얼음트레킹을 한 적이 있다. 코로나 이전 마지막 축제였다. 꽁꽁 언 강 위를 아슬아슬 걸었는데 이제 물 윗길이라 하여 그야말로 물 위를 걷는다. 겨울이 더 깊어져 강이 얼어붙어도 좋고 날이 풀려 언 강이 녹아도 다리가 있으니 관광객들에겐 새롭고 흥미로운 경험이겠다. 하늘에는 은하수교가 현무암협곡을 가로지른다. 두루미 부리를 상징으로 하는 거대한 주탑으로 연결돼 있다. 온통 다리, 다리, 다리다. 잔도는 가슴이 벌렁벌렁하고 물 윗길을 쿨렁쿨렁하고 은하수교는 흔들흔들한다. 몸도 마음도 안정이 필요한 순간 한국의 나이아가라라는 직탕폭포를 만난다. 3미터라는 아담한 높이에 80미터 너른 품을 보고 있으니 좀 진정이 됐다.

저녁에 폭포 근처 넓은 들판 한쪽에 있는 통나무 펜션에 들었다. 겨울은 해가 너무 짧아 아쉽다. 텅 빈 들판으로 해가 지는가 싶더니 한 무리 쇠기러기 안전거리 지키며 잠자리를 찾아간다. 철조망 넘어 비무장지대 지나 북녘까지 갈 수 있다는 자유로운 몸짓이다. 저녁준비에 깜깜해지고 건배 몇 번에 밤이 깊었다. 오래된 아름다운 친구들과 보내는 다정한 하룻밤이 포근하다.

뜨끈뜨끈한 바닥에 누워 꿈속에서 학 천 마리 접느라 바쁠 즈음 폭포 소리에 잠이 깼다. 어느 고요한 사찰 넓은 대웅전에 울려 퍼지는 목탁소리 같다. 벌떡 일어나 예불에 참여해야 할 것 같은 끌림은 직탕 폭포소리였다. 뭉게뭉게 물안개 피워내는 한탄강 울림통에 대답하듯 끼룩끼룩, 뚜루루 뚜루루 철새들이 비상한다. 그럼에도 고요한 아침이다.

일타쌍피

 흐려진 시력 탓인가. 안개라도 낀 듯하며 너덜너덜해진 주민등록증, 있으나 마나 한 것 같지만 그래도 없으면 안 되는 물건이다. 지갑 속에 붙박이처럼 있다가 어쩌다 섬 나들이 갈 때 잠깐이나마 거풍 하듯 바람을 쐬곤했다. 여권에 밀려 퇴물취급받으며 그래도 버텨온 세월이 20여 년이니 몰골이 꼬지지 할밖에. 귀퉁이가 찢기고 표면은 긁히고 투명함이 사라져 글씨는 물론 사진마저 뿌옇다. 오래된 사진이 낯설어 재발급해야겠다는 생각은 생각만으로 시간이 지났다.
 밤을 밝히는 이는 청춘이요, 새벽을 여는 이는 노인들이다. 주민센터 근무 시각이 9시가 아니라면 벌써 했을 일이다. 아침 9시면 내겐 한나절이다. 병원도 그렇고 관공서도 그렇고 문 열리기를 기다리자면 하루가 다 지나는 것 같다. 출근을 하든지 뒷동산엘 가든지 다 자기만의 루틴이 있지 않은가. 6시에는 집을 나서야 출근을 할 수 있었던 오랜 습관은 뒷동산에 갈 때도 예외는 아니다. 그 시각이 지나면 마음부터 움직여지지 않으니 몸도 주저앉는다. 누구와 약속하거나 강요하는 사람도 없는 요즘에도 8시쯤이면 사무실에 도착해야 하는 나만의 규칙이 생겨버렸다.

이런저런 핑계로 미루던 9월의 어느 날, 단어도 생소한 기초연금 신청이라는 안내문이 왔다. 합법적이고 공식적으로 늙었다는 걸 공표하는 시점이라나. 그래, 일타쌍피다. 오늘 한나절 주민 센터에서 두 가지 일을 처리할 각오로 시간 맞춰 집을 나섰다. 업무 시작 전에 도착하는 밉상 주민이나 고객은 되지 않으려고 애를 썼는데 도착하니 15분이나 남았다. 시니어 활동하는 사람들도 노란 형광 조끼를 입고 밖에서 삼삼오오 모여 있다. 막 출근하는 직원들도 있고 도착하여 커피를 마시는 이들도 있다. 필요한 서류를 작성하고 두리번거리니 직원 외에도 드나드는 사람이 꽤 많다. 봉지커피나 한 잔 마실까 했는데 보이지 않는다. 출입구에 늘 자리했던 정수기와 각종 차 종류가 보이지 않는다. 팬데믹 이후 없어졌나 보다. 2층에 새마을문고와 체력단련장이 있지만 이용하는 주민이 이렇게 많은 줄은 몰랐다. 하긴 우리 나이에 갈 수 있는 곳으로 이만

한 곳도 없다. 무료이거나 약간의 비용으로 무엇이든 배울 수 있고 운동도 하며 친구도 사귀고 만나니 이것도 일석이조요, 일타쌍피 아닌가.

먼저 주민등록증 재발급부터 신청했다. 지문이 제대로 찍히지 않는지 오른손, 왼손 돌려가며 찍고 나서야 겨우 나왔다. 희뿌연 주민등록증처럼 손금마저 흐리멍덩해졌나 보다. 그 사이 기초연금 신청하는 곳에 두 사람이 상담 중이다. 한 사람은 서류를 준비해 오지 않아서 내일 다시 와야 한다고 했다. 안내문에도 없었던 내용이란다. 나도 준비한 게 아무것도 없는데 서류 미비로 다른 날 또 와야 하나 슬그머니 걱정된다. 다행히 신청이 가능하다는 직원의 친절한 안내로 기초연금 신청서 작성도 마쳤다.

우편함에서 기초연금 신청 안내문을 봤을 땐 기분이 좀 묘했다. 기다렸지만 막상 통보를 받으니 막연한 일이 닥친 것 같아 어떤 마음인지 가늠하기가 어려웠다. 코로나시기에 온 국민에게 위로금을 줬던 일처럼, 받아서 좋았지만 마냥 기쁘지만은 않은 기분이랄까. 다음날, 몇 사람이 모인 자리에서 나이 이야기가 나왔다. 어제 기초연금을 신청했다는 내 말에 그들의 반응을 보니 어제는 알 수 없었던 감정이 스스로 이해가 되었다. 모인 사람들 대부분이 이미 그 나이를 넘겼기에 경험이 있을 터, 가정 경제에 조금이나마 도움이 될지도 모를 결과와 상관없이 위로의 눈빛만 강렬하였다. 잘됐으면 좋겠다는 반응보다 어쩌다 그렇게 되었냐는, 속절없이 시간에 떠밀려온 잘못은 아닌데 잘못한 거 같다. 보이지 않는 어떤 선이 생긴 느낌, 퇴직했을 때와는 다르게 혼란스러웠다. 여성들은 생의 커다란 전환점이 되는 아이를 낳고 우울증이 오기도 하는데 감정의 무게 중심이 한쪽으로 쏠려 잠시 흔들렸다. 나이만큼 몸은 기우는 데 마음은 제자리걸음이니 불협화음을 이루나 보다.

　주민등록증도 나도 낡았다. 사용하지 않아도 없으면 허전한 신분증, 저 보잘것없는 플라스틱 조각이 나였다. 그것이 근본이 되어 오늘날 기초연금 신청으로 이어졌다. 심란하고 어수선한 마음은 추석 명절이 코앞이라고 그런가 보다. 바퀴 달린 시장바구니를 끌고 다니는 사람들이 많아졌다. 술렁거리는 분위기 속에서 복작거리다 보면 가을이 짙어지겠지. 그때쯤엔 말끔한 신분증도 찾을 것이고 이어 '일평생 고생하신 당신, 당신의 노후가 편안했으면 좋겠습니다.'라고 위로하는 기초연금도 받게 될 것이다. 도랑치고 가재도 잡았는데 허하다.

원종린 선생님

 지친 여름을 위로하듯 가을이 시작되는 9월이면 원종린수필문학상 시상식이 열린다. 올해는 유난히 길고 무더운 여름이 주춤거렸기에 9월 9일임에도 낮 기온이 30도를 넘었다. 그렇지만 아침저녁 부는 선선한 바람으로 마음엔 이미 가을이 스며들고 있었다. 올해로 제19회를 맞는 원종린수필문학상은 이미 수필문단에 널리 알려져 있다. 감히 수필문학상에 대해 이야기할 주제는 못 되지만 모든 이들에게 존경받는 선생님과의 소중한 인연으로 몇 해 전부터 이 행사에 참여할 수 있어 뿌듯하다.
 선생님을 처음 뵌 건 2005년도 아파트상가에서 문구점을 하던 때였다. 가게를 하면서 한 대학의 평생교육원에서 문예창작 강의를 듣고 있었다. 지도교수는 한국문단에 널리 알려진 시인이며 그 대학의 명예교수로 오랫동안 그 강좌를 이끌어오고 있었다. 열정적인 교수님과 늦은 나이에 학구열에 불타던 문우들과 더불어 가열하고 즐겁게 글쓰기에 매달리던 시간이었다. 목표를 세우고 매진한 결과 2006년, 드디어 원하던 곳으로 등단을 했다. 세상이 다 내 것만 같았다.

 작가가 되었다는 자만심에 빠져 어깨에 힘이 잔뜩 들어가 있던 어느 날, 테니스 라켓을 멘 노신사 한 분이 원고지를 사러 오셨다. 지금도 원고지에다 글을 쓰시는 분이 계시는구나 싶어 여쭈었다. 무슨 글을 쓰시는지? 수필을 쓰신다기에 용기를 내어 저도 수필을 쓰며 이번에 등단도 했다고 자랑(?)을 하니 등단 지를 물으신다. 좋은 잡지라는 인정과 더불어 축하와 칭찬을 해 주셨다. 또 한 번 으쓱했다.

 다음 주에 학교에 가서 지도교수께 문구점에서 있었던 일을 이야기했더니 기가 막힌다는 표정으로 수필 쓴다는 인사가 선생님 함자를 듣고도 알지 못했다니 수필 쓸 자격이 의심스럽다며 호통을 치신다. 참 무지해서 용감했었는지도 모른다. 지금은 저명하신 수필문단의 선배님들도 알고 만나기도 했지만 그때는 그저 그 잡지에 응모하기에만 매진했다. 지인들은 아는 이 하나도 없으면서 계란으로 바위 치기 하는 거 아니냐고도 했다. 그럼에도 그 좁은 문을 통과했으니 잘난 줄 알았다.

문구점은 집에서 차로 20여분 움직여야 하는 아파트 상가였는데 선생님이 사시는 곳이었다. 가끔 테니스 치러 오가시는 모습을 보기도 했는데 달려가 인사드리지 못한 순간이 못내 아쉬움으로 남아있다. 그 해 학교에서 동인지를 창간하고 다음 해 선생님을 고문으로 모시고「전집의 뒤풀이」라는 옥고를 게재하고 가끔 모임에서 뵙기도 했지만 살갑지 못한 성격 탓에 가까이 다가가지 못했다. 옆자리에 앉은 이를 챙겨주거나 가벼운 유머로 좌중을 웃게 하시던 모습을 테이블 먼 자리에서 함께 했던 기간도 그리 길지 않았다.

적자를 면치 못하던 문구점을 그만두면서 모든 게 시들해졌다. 새 직장을 구해야 했다. 낯선 일터에 적응하기까지 잠깐만 지나면 글을 쓸 수 있을 줄 알았는데 수습기간은 내내 이어졌다. 직장에 묶이다 보니 학교도 동인모임도 참석할 수 없었고 자부심 넘치던 수필가란 이름도 잊고 지냈다. 그렇게 십 년이 흘러 퇴직을 하면서 첫 수필집을 발간하게 되었다. 첫 수필집이 용기가 되어 옛 동인들을 만나 다시 활동을 시작하였다. 그동안 함께 공부하던 이들도 등단하여 책을 두세 권씩 냈는가 하면 원종린수필문학상을 수상하기도 했다. 어느 문학행사장에서 선생님 아드님인 원준연 교수에게 용기를 내어 인사를 했다. 문학상시상식에 가면 선생님과의 아름다운 인연을 이야기하는 작가들을 만난다. 주변 작가들 중에는 선생님의 제자들도 많다. 그분들의 추억에 비하면 내 인연은 스쳐 지난 정도라 말을 보태기 민망하지만….

지금 돌아보면 문구점에서의 시간은 초라하고 화려했다. 가난했지만 부자였다. 그 시기에 등단을 했고 경제적으로 바닥을 보았다. 롤러코스터 같은 시간, 강의를 들으러 가지 못하면 동료들이 찾아와 보충수업을 해 주었던 내 생에 가장 치열했고 빛나던 시절이었다. 다시 못 올 그 시간을 되돌려 본다. '아파트상가 앞 횡단보도에 테니스 라켓을 어깨에 멘 선생님이 걸어오신다. 나는 아침장사를 마치고 건물모퉁이에 있는 빵집에서 꽈배기를 사 오는 길이다. 꽈배기 한 봉지를 건네 보지만 (이 부분은 순전히 마음뿐 몸은 제자리에 붙박이) 한사코 마다하시고 총총히 뒷모습만 보이신다.'

오늘 대전문학관에 다녀왔다. 대전문인탄생백주년기념전 〈당신의 100년, 나의 100년〉에 선생님이 선정되어 개최 중이며 내년 2월까지 계속된다. 작품 일부는 물론 선생님의 결혼사진과 빛바랜 성적표도 볼 수 있다. 문학관에서 마련한 「꽃 타령」 한 문장 '잡목이 우거진 고향 숲 같은 오솔길을 걷고 싶다.'를 색칠하면서 잠시 어딘가 있을 오솔길에 들어본다. 공주문화원에서도 문화예술인 문학인 편 발간으로 선생님을 재조명한다니 뜻깊은 일이다.

가끔 원준연 운영위원장을 만나는데 어떤 순간, 문득 선생님이 오버랩된다. 겉모습만이 아니다. 하루가 멀다 하고 테니스를 즐기고 수필을 쓰고 유머감각까지 어쩌면 그리 닮아 가시는지…. 작은 체구에 노익장을 과시하며 전국을 재패한 테니스 실력도 닮았을지 궁금하다. 어느새 가을이 깊어간다.

바다의 숨길

아득한 수평선, 하얀 파도가 밀려와도 눈부신 태양에 속이 훤히 보일, 바다를 보러 가는 날이다. 설렌다. 그 언저리만 가도 꼬였던 마음을 풀어지게 하는 힘을 가진 바다가 아니던가. 오늘은 어떤 표정으로 나를 반겨줄까?

주요 일정은 요트투어다. 영화의 한 장면처럼 바닷바람에 긴 스카프자락 휘날리며 기념사진을 찍을 생각에 주황색 형광머플러까지 챙겨 왔다. 푸른 바다와 하얀 요트 위에서 바람에 날리는 노을빛 스카프, 머릿속으로 몇 번이나 연출했던 장면을 실행할 시간이다. 버스 차창으로 보이는 들판에 하얀 배꽃도 파도처럼 출렁이며 따라오고 있었다.

드디어 세계요트대회가 열렸던 전곡 항에 도착했다. 계류장답게 크고 작은 요트들이 빼곡하게 정박해 있다. 우리가 탑승할 36인승 요트는 침실과 화장실까지 갖추고 있었다. 실내화로 갈아 신어야 입성이 가능한 것이 좀 의아했지만 요트니까 그런가 보다 했다. 한껏 부풀었던 시간이었지만 아무것도 볼 수 없었다. 안성에서부터 따라온 안개가 기어코 동승까지 하고야 말았으니 바다는 오리무중이다. 앞이 보이지 않으니 선박끼리 소통은 소리로 할 수밖에 없다고 했다. 뱃고동이 자주 울릴 것이니 놀라지 마시라는 안내처럼 기대했던 요트에 올랐다는 건 뱃고동이 알려줄 뿐이다. 새우깡을 향해 날아드는 갈매기도 한몫 거들긴 했다. 선원의 안내로 기념사진도 찍었지만 준비한 스카프는 꺼내보지도 못하고 사진 속에는 어설픈 내 표정을 감싼 안개만 자욱했다.

다시 전곡 항, 케이블카를 타고 제부도로 간다. 그제야 시야가 좀 트인다. 크리스털 케이블카 아래로 보이는 넓은 갯벌과 눈앞에 오가는 케이블카 행렬이 장관이다. 갯벌 한가운데 도로도 드러났다. 썰물이기에 볼 수 있는 광경이다. 우리는 케이블카로, 저들은 자동차로 바다를 건너고 있음이다. 선명한 저 도로가 물이 들어오면 사라진다는 것이 현실감이 없다.

제부도 바다 위에 이어진 데크 길을 따라 걷는다. 바람이 시원하다. 버스에서, 요트에서, 케이블카에서 앉아만 있다가 몸을 움직이니 발걸음도 가벼워 신바람이 났다. 그러다 사달이 났다. 동생이 배낭 속에서 과일을 꺼내다가 이어폰을 놓쳐버린 것이다. 테크 아래 갯벌로 떨어져 마치 공이 튀듯이 케이스에서 멀리 사라졌다. 갯바위와 조개껍데기가 많은 곳이었다. 내려가는 계단이 있었지만 철문에 자물쇠가 걸려 출입을 막고 있었다. 여러모로 걸림돌이 많은 날이다.

버스에서부터 저 이어폰이 간절한 순간이 있었다. 바로 뒷자리에 앉은 일행이 잠시도 쉬지 않는 수다 때문이었다. 새벽출발이라 눈을 붙인 사람이 대부분인데 불편하다는 표시를 냈지만 아랑곳하지 않았다. 안개로 인해 창밖이 보이지 않았기에 더 거슬렸다. 소리를 차단하고 싶었다. 옆자리 동생은 이어폰을 하고 있어 세상 평안하다. 평소엔 사용하지도 않던 물건이 아쉽기만 했었다. 곧 해변이 시작되니 되돌아오기로 했다. 그런데 생김새가 문제였다. 조개껍데기가 많은 해변에서 분간이 어려울 정도의 모양과 색깔을 가졌으니 난제였다. 케이스가 떨어진 곳을 중심으로 샅샅이 살펴보기로 하고 한발 한발 한 치의 틈도 없이 보고 또 살폈다. 세상에나 어쩜, 찾고 보니 굴 껍데기와 너무 닮은 꼴이라서 발견한 우리가 기특할 지경이었다.

해프닝이 지나니 갯벌이 보인다. 갯벌이 그린 그림에는 바다로 가는 길이 있다. 엄마의 주름살 같아 가슴이 아린 길, 길이 있으면 모든 생물도 모이게 마련인지 조개를 잡기 위해 사람들도 모여들었다. 갯벌에 생긴 물길은 누구도 흉내 낼 수 없는 바다의 숨길인가 보다. 석양에 물드는 바다에 우뚝한 풍력발전기의 바람개비, 신호등과 무관하게 달빛 따라 길이 열리는 바닷길, 이 모든 풍경을 놓치지 않으려면 하루는 너무 짧다. 오전과 오후의 일정을 달리했다면 어땠을까. 못 가본 길이 더 아름답다는 말처럼 아무래도 어느 한 부분은 아쉬움으로 남았겠지. 긴 숨바꼭질이라도 한 기분이다.

 이제 물이 들어올 때다. 바다의 숨길은 물론 갯벌의 도로도 밀물에 가라앉고, 갯바위에 붙어 목이 마르던 생명들도 갈증을 달랠 것이다. 골목 끝에 석양이 비추면 저녁 먹어라 부르던 엄마의 목소리 같은 밀물이 든다. 안갯속처럼 천지분간을 못하던 어린 시절을 지나, 갯벌에서 발이 빠져 옴짝달싹 못하던 지난했던 시간, 그럼에도 괜찮다, 괜찮다고 토닥이는 엄마의 손길이다. 우리가 바다를 찾아 고된 세상살이를 하소연하고 푸념도 하면서 위로를 받는 이유가 아닐까.
 썰물이 갯벌의 시간이었다면 밀물은 물의 시간이다. 하루를 살아낸 갯벌의 쉼을 위해 포근하게 감싸주는 너른 품이다. 바닷물이 발끝에 닿을 듯한 시간에 케이블카를 타고, 반짝이는 윤슬을 가르며 요트가 달렸다면, 신비의 바닷길을 걸어 매 바위까지 가는 경험은 못했을 것이다.

바지락이 많은 갯벌 체험장에 각양각색의 텐트가 만국기처럼 펄럭이는 것도 풍경이 된다. 마치 우리 아홉 살의 골목처럼 팔딱거린다. 주책없이 가슴은 콩콩 거리고 아이들의 함성과 웃음소리가 제부도 갯벌 가득 울려 퍼지는데, 저 멀리 바다는 얼굴을 붉히며 다가오고 있다.

꽃구름

 무지개 같은 꽃구름이 걸렸다. 저기 어디쯤, 짐작만 했는데 오늘 건물사이로 벚꽃구름이 둥글게 떠올랐다. 속초시내 어디서나 보이는 울산바위처럼 위풍당당하다. 5층 테라스에서 3년 만에 발견한 풍경이다. 첫해에는 테라스가 있는 줄도 몰랐고 다음 해에는 어쩌다 바람을 맞으며 차를 마시는 장소였다. 왼쪽으로 성모병원이 보이고 앞을 가로막은 빌딩 뒤로 낮은 건물 사이에 골목이 어렴풋이 보인다. 골목의 지붕 같은 그곳이 수도산 테미공원이다. 꽃구름의 오른쪽으로 보문산 자락이 이어진다.
 꽃이 사라지기 전에 가보고 싶었는데 마음이 통한 이가 있어 점심시간에 골목길을 따라 드디어 꽃그늘에 들었다. 꽃송이가 하늘을 가린 공원에는 많은 사람들이 모여 절정의 순간을 카메라에 담고 있었다. 모두들 표정이 꽃처럼 화사하다.

 봄이 시작되면서 소속협회에도 새 이사진이 구성되었다. 처음 만난 자리라 자기소개하는 시간이 주어졌다. 이십여 명의 이사들이 차례차례 문단이력과 근황을 이야기하는 이른바 '1분 스피치' 시간이다.

 화려한 이력, 수려한 언변이 꽃으로 피어났다. 시의 향기가 흐르는 섬진강 변의 매화꽃 같고, 뒷동산의 부지런한 산수유와 진달래. 달빛 머금은 고고한 목련, 샛노랗게 피어 주변을 밝히는 개나리, 다보록 다보록 영역을 넓히는 봄 까치꽃, 발걸음 옮길 때마다 불쑥불쑥 나타나 윙크하는 민들레, 조잘조잘 무리지은 조팝꽃, 나물로 멈추지 않은 기특한 냉이꽃, 가냘프지만 강렬한 색깔의 제비꽃, 먼 곳까지 향기로 자신을 알리는 라일락까지. 저마다 향기와 빛깔을 뽐내며 조화를 이루는 이 순간, 난 참 난감하다. 몇 해 전 처음 경험한 1분 스피치 시간은 10분 같았다. 장르와 이름 외에는 더 할 말이 없어 민망했다.

 과연 나는 누구일까? 이십 여명의 이사들이 모인 꽃동산에 있기는 할까. 꽃이 아니면 무엇이며 어떻게 생겼을까. 동그랄까 세모졌을까, 네모일까, 어쩌면 면적도 없는 선만 있을지도. 그렇다면 곡선일지 직선일지 의문부호만 늘어간다. 자신을 알지 못하니 남인들

제대로 알 수 있을까? 사람 보는 눈이 없다는 말을 곧잘 듣는다. 타인의 시선에는 두 가지가 있는 것 같다. 관심 혹은 호기심. 상대를 대하는 마음의 진정성 여부에 따라 달라진다. 공인이나 연예인들 이야기에 이러쿵저러쿵, 따따부따 끼어들지 않는다. 깊이 관여하기엔 너무 먼 타인들일 뿐이다. 그렇다고 방관자는 아니다. 나보다 약한 사람(별로 없다)이 억울한 일을 당하면 불이익을 감수하더라도 나서는 편이다. 오래전 직장에 다닐 때는 그랬지만 지금은 해당사항이 없어졌다.

  꽃구름, 수도산 벚꽃은 제주에서 태어났는데 일본에서 왔다는 오해를 받는다고 했다. 대전의 첫 시립도서관이 테미예술창작센터가 되고, 1930년대에 조성된 전국 유일의 행정 관사촌과 역사를 같이했다. 테미동산, 정겨운 골목길, 꽃그늘 속의 들꽃과 숲을 걷는 사람들을 만나는 지금이 가장 즐거운 순간이라는 꽃구름은, 앞으로 창작센터가 제2대전문학관으로 거듭나는 날에도 이 자리에서 만나기를 기대한다는 이야기를 하고 있는 것 같다.

  이사모임이 숲처럼 다채로워졌다. 예쁨을 너머 아름답다. 꽃으로만 알던 초목에 잎이 무성해지면 그 이름을 알지 못하는 경우가 있다. 분명히 인사를 나눈 적이 있는 데 이름을 기억하지 못하는 것처럼. 누구나 꽃구름이고 싶지만 향기 없는 구름 꽃으로 흩어져

버리곤 한다. 언젠가 다큐멘터리에서 식물은 각각의 위치에 따라 햇빛의 나눔을 위한 배려가 존재한다는 것을 보았다. 겨울 끝자락 초록물이 번지듯 어린 들꽃들이 피고 씨앗을 남기고 나서야 키 큰 식물들이 꽃피운다는 자연의 질서를 알았다. 생강나무와 칡넝쿨의 잎 모양이 한줄기에서도 다른 것은 서로 겹치지 않아야 햇빛을 잘 받을 수 있도록 하는 배려라는 것도 배웠다. 들풀마저 상대를 배려하는데 우리가 사는 세상도 자연처럼 스스로 그러하기를 바라본다.

신박한 3종 세트

　홈쇼핑에서 많이 듣는 소리다. 여성블라우스 3종 세트를 비롯해 남성등산바지 3종 광고가 나온다. 게다가 프라이팬 3종 세트까지 웬만한 상품은 다 3종으로 묶여있다. 때가 때인지라 명절선물로 떡이나 과일까지 3종이다. 그러니 단독으로 출시했다간 소비자들에게 외면당하기 십상일터이다. 단품이면 뭔가 빠진 거 같아 섭섭하기도 하고 왠지 손해를 본 느낌이 든다. 삼세 번이라는 말이 있듯이 무엇을 하든 한 번이나, 하나로는 좀 아쉽다.

　오늘은 신박한 3종 세트를 확인했다. '고맙습니다. 감사합니다. 사랑합니다.' 버스에 올라 카드를 대면 들리는 멘트다. 연령에 따라 달라지는 인사에 좀 당황스러웠다. 물론 전에도 카드체크기의 소리는 구별되었다. 그즈음 어떤 글에서 밝힌 바 있지만 성인은 '딱' 한 음절이고 청소년은 '띠딕' 두 음절로 경쾌해서 아이들이 뛰는 모습을 연상케 한다는 내용이었다. 새로운 멘트 3종이 시행된 지 한 달을 넘지 않았다. 70세 이상 어르신들의 버스 무임승차가 시행된 날(2023년 9월 15일)부터였으니. 일명 어르신카드라는 무임교통카드는 직접 은행에 가서 신청해야 하는 번거로움이 있다. 물론 모바일로 발급받을 수 있지만 스마트폰 활용이 어려운 노인들에겐 있어도 없는 것, 무용지물이나 다름없다. 게다가 시내만으로 국한된 사용구역으로 아직 큰 호응이 있는 건 아니라 한다. 주변의 지인들도 환영하기보다 외면하는 경우가 많은 것 같다. 버스에 타면 어르신 카드는 '고맙습니다.' 청소년들은 '사랑합니다.'라고 한다. 그 외에는 '감사합니다.'이다. 이 알량한 플라스틱 카드 한 장이 나를 스캔하고 있으니 탐탁지 않지만 요즘엔 그런 카드마저 없으면 버스도 탈 수 없다.

작년 여름, 현금승차를 폐지하면서 현금함이 사라져 당황하는 승객들에게 기사는 계좌번호가 적힌 입금용 쪽지를 건네주곤 했다. 어느 날 오후 외국인 젊은이가 버스에 오르자마자 계좌번호를 달란다. 그런데 기사님 반응이 시큰둥하다. 카드가 없느냐고 몇 번을 묻는데 청년은 얼버무리며 그냥 계좌번호를 달라고 어깨를 들썩인다. 외국인이라 소통이 어려운가 보다 했는데 이미 작정을 하고 버스에 탄 모양이었다. 다음부터 꼭 카드 사가지고 다니라는 말에 카드는 있다고 한다. 어? 그래, 그럼 그 카드 한번 찍어 보라는 말에 슬쩍 대본다. 명쾌하게 '감사합니다!'라는 인사가 울려 퍼진다. 기사는 앞자리에 앉은 나에게 저거 보라며 이를 악용하는 이들이 많아 성가시다고 했다. 일 년이 지난 지금도 가끔 기사님께 쪽지를 달라는 이들이 있다. 그들의 의도는 알 수 없으나 이젠 실랑이하는 모습은 사라졌다.

  특별한 3종 세트는 또 있다. 일명 초딩(초등학생) 3종이라는 '드림렌즈, 치아교정, 성장주사'다. 할아버지 할머니가 보기엔 참 생뚱맞은 세트이긴 하다. 모든 분야에 퍼져있다고 해서 누구나 선택할 수 있는 건 아니다. 초등학교를 넘어 중·고등학생이 되면 3종은 달라진다. 서울에 있는 대학이나 의대에 보내려면 필요한 3종 세트가 있었다. '엄마의 정보력, 아빠의 무관심, 조부모의 경제력'(지금은 달라졌을지도)이다. 경제적으로 뒷받침해 줄 수 있는 든든한 가족구성원이 있어야 했다.
  좀 결이 다르겠지만 'MZ세대의 3요'도 있다고 한다. 그들은 우리가 알지 못하는 IT세상에서 즐거움을 찾으며 누리는 세대다. 마음은 굴뚝같았지만 행동하지 못했던 일을 과감하게 해내는 이른바

MZ 3요라 한단다. '이걸요?, 제가요?, 왜요?'이다. 지시하는 업무의 정확한 내용과 목적을, 왜 자신인지에 대한 설명, 그리고 마지막 '왜요?'는 그 일을 해야 하는 이유와 필요성, 기대효과까지 묻는다고 한다. 희망이든 요구사항이든 우리가 좋아하는 숫자 3은 같은가 보다. 시키는 일은 무조건 해야만 했던 기성세대들은 못마땅하겠지만 자기주장이 확실한 세대인 건 분명하다. 빠르게 달라지는 세상을 쫓아가지 못하고 뒷걸음치는 세대로 그들의 당돌한 자신감과 젊음이 부럽다. 하긴 우스갯소리로 나는 젊어봤다 너는 늙어봤냐는 말로 허함을 달랠 수 있지만 딱히 아쉬울 것도 없다.

우리는 이미 제대로 인증받은 3종 세트를 확보하고 있다. 고혈압, 당뇨, 고지혈증까지 완벽한 3종을 선점했다. 살만한 노후를 보장받았지만 부수적으로 함께해야하는 3종 세트다. 어느새 찬바람이 분다. 이제 효도백신 3종 세트도 접종받을 차례다. 연륜을 인정받은 시점이, 우리가 원하는 것만 주지 않는다.

신박한 3종 세트가 참 마침맞다. '사랑' 받던 날이 지나 젊은 날 열심히 살아온 '감사'한 시간이 흐르고 이제 버스를 타도 '고맙다'고 한다. 모두가 그런 건 아니지만 '고맙습니다.' 란 인사를 받는 승객을 기사들은 반기지 않는다. 아무래도 행동이 어둔하고 민첩하지 않으니 타고 내릴 때 시간이 오래 걸린다. 조금만 차가 흔들리거나 급정거를 하면 넘어지기 쉽다. 오죽하면 의자마다 '정류장에 정차하기 전에 절대 일어서지 마십시오.'라고 도배를 했겠는가. 어디 그뿐인가. 제발이나 절대라는 단어를 강조하며 수시로 안내방송을 한다. '버스가 완전히 정차한 후 자리에서 일어나 천천히 하차하시기 바랍니다.'

그리고 겨울

나들이

휴일 아침, 엘리베이터에 노쇠한 아버지와 젊지 않은 아들이 타고 있다. 1층에서 문이 열리자 예닐곱 살쯤 되는 밤톨 같은 손자가 양팔을 벌려 짜잔~ 하며 할아버지 앞에 나타났다. 오월 햇살 같다. 귀염둥이 손자를 앞세운 이벤트였는지 쑥스러운 밤톨 녀석이 엄마 뒤로 숨는다. 아직 보드라운 햇살 속으로 가족 나들이를 가려는 모양이다. 할아버지는 비척비척 엘리베이터에서 내리더니 화장실을 찾는다. 기다리던 가족들이 집에서 보고 내려오지 그랬냐고 핀잔을 한다. 부축하는 아들 손을 잡고도 둔한 몸, 멍한 눈동자로 방향을 찾지 못한다.

스치듯 본 가족모습에 울컥한다. 벌써 십여 년도 더 지났지만 그 날을 잊지 못한다. 금강가의 어죽집 계단에서도 휘청거리고 보고 싶다던 은행나무는 어림없어서 영국사 절 마당만 한 바퀴 돌았을 뿐인데 여기 현관 앞, 서너 계단을 오르지 못하던 아버지. 그리고 젖은 바지를….

내가, 그랬던 것처럼. 오늘, 저 가족은 우리보다 아버지를 위한 시간이라 생각하고 나들이를 가는 것이리라. 하지만 아버지가 내일 아침 오늘을 기억하실까? 시간이, 세월이 흐른 후에야 이 나들이가 아버지보다 우리를 위한 하루란 걸 깨닫게 되고 가슴을 쓸어내리겠지. 이렇게 쥐똥나무마저 향기로운 날이면.

장마

다른 지역에 사는 지인들에게서 안부전화를 받기는 올여름이 처음인 것 같다. 산골이나 강가에 있는 마을도 아닌 도심에서 그것도 안온한 대전에서 말이다. 도대체 속을 알 수 없다고들 했다. 묻는 말에도 즉답을 하지 않고 아무런 내색도 없으니 답답하다거나 음흉하다는 평이 있는 게 사실이다. 지역마다 특성이 있으니 이른바 충청도 성향이다. 다른 도시에 비해 나른할 정도의 평화로움이 스며있어 자연재해에서도 예외인 줄 알았는데 이번엔 달랐다. 우리가 안일했고 오만했다.

한순간의 쉼도 없이 온 밤을 빗소리로 채웠다. 가끔 번쩍번쩍 우르릉 쾅 추임새까지 넣어가며 한 치의 빈틈도 없이 내리꽂혔다. 한 시간마다 재난문자까지 거들어 잠을 이룰 수 없는 몇 날 밤이 그렇게 지났다. 느긋하던 도시는 화들짝 놀라 붉은 황톳물을 토해내고 있다. 천변의 나무와 근린공원 운동기구도 물속에서 버티기를 한다. 하상도로는 물속으로 자취를 감추고, 대전의 중심부에 있는 유등교는 침하현상으로 교통이 통제되었다. 매일 그 다리를 지나 출퇴근을 하는데 바로 앞에 다리를 두고 태평교로 돌아가는 첫날, 버스 안에서 보기에 틈이 생겼나 싶게 확인이 어려웠다. 도깨비 장마라며 밤마다 내리는 폭우에 점점 그 틈이 확연하게 드러나더니 다리가 휘어져 보인다. 아직 장마 전선은 대전을 벗어나지 않고 있다. 유등천에는 홍수의 흔적들로 아수라장이다. 온갖 쓰레기가 쌓이고 자전거도로에 가로등이 나뒹굴고 커다란 버드나무가 뿌리를 드러낸 채 널브러져 있다. 모든 차들은 쌩~ 한순간에 건너던 다리에는 얼씬도 못하고 물길 따라 내려가다가 다시 물길을 거스르는 도로를 따라 운행되고 있다. 한동안 그 곁을 맴돌아야 할 모양이다.

 50년이 넘는 역사를 간직한 저 다리는 머잖아 사라질 터이다. 지난 가을 그 설렁탕집처럼.

텅

햇살이 따가운 10월의 어느 날부터 옆 건물이 해체 중이다. 장막을 드리웠지만 5층에서는 그 속내가 훤히 내려다보인다. 포클레인이 건물옆구리를 가격할 때마다 숫구치는 먼지와 소음으로 책상의 모니터가 흔들릴 지경이었다. 풀썩 주저앉는 콘크리트 더미 옆에서 물줄기를 뿜어대는 사람들은 그 먼지를 온몸으로 받아내고 있다. 건물 벽에서 쏟아지는 수많은 전선들이 한쪽으로 늘어진 모습이 공포영화의 한 장면 같다. 오늘은 벽이 다 사라졌다. 널브러진 콘크리트 더미와 곧추 선 철근에, 뭉텅이로 늘어진 전선까지 으스스하다. 요즘 뉴스화면을 장식하는 팔레스타인과 이스라엘의 전쟁터 모습과 다르지 않다. 파괴되고 사라져 가는 순간이 가을이기에 더 서글프다. 결실의 계절이요 수확의 시기지만 자연은 비워내는 때가 아닌가. 풍요롭지만 허전하고 쓸쓸함이 지배하는 계절이다.

오래된 건물은 유명 설렁탕집이었다. 수많은 사람들의 발길과 사연이 무너진다. 공간이 사라지자 마음도 텅~ 비어버린다. 아버지를 따라오던 이가 아들을 데리고 오던 곳이었으니 아쉬워하는 사람이 많을 터이다. 추억의 설렁탕집은 공터가 되었다. 요양병원이 들어온다는 소문만 무성하더니 누런 맨땅만 드러난 채 다시 여름이 왔다. 양쪽의 높은 건물사이 푹 꺼진 자리, 잡초가 자라 제법

풀밭 같지만 휑하다. 무심하게 내려다보고 있으니 햇살 속에서 아이들이 부모님 손잡고 폴짝거리는 모습이 아른거리는 것만 같다.

그리고 겨울

어렸을 때 성당아래 살았다. 주춧돌을 놓던 집터에서 여기는 안방 여기는 마루라며 뛰어놀다 보니 집이 되었다. 마당 우물가에 있던 포도나무가 사라졌지만 새 집은 양옥이었다. 도로가에 학교, 구멍가게, 전파사, 미장원, 양장점, 교회, 담배조합이 마주 보고 있는 그 당시 신읍이었다. 좁아진 마당대신 옥상이 놀이터였다. 옥상에서 보아도 성당은 높기만 했다. 성당 마당에서 배드민턴을 치며 놀았지만 예배당 안으로 진입하지는 못했다. 그곳엔 특별한 사람, 부자들이나, 미장원에 다녀온 엄마들, 나비넥타이를 맨 사내아이, 그리고 공주 옷 입은 친구들만 드나들 수 있는 곳이었다. 단발머리에 꼬지지한 나는 접근할 수 없는 공간이었다. 거대한 종탑의 종소리마저도 먼 하늘로 울려 퍼지기만 했다.

하지만 크리스마스가 되면 화려한 트리가 거리로 내려와 유혹을 했다. 전파사에서 틀어대던 크리스마스캐럴이 하얗게 눈이 내린 우리 집 옥상까지 다가와 손에 잡힐 듯 가까웠다. 우리는 성당 아래 옥상에서 마냥 들떠 징글벨, 징글벨을 엉터리로 따라 불렀다.

길 건너 친구엄마는 오래된 용한 무당이었다. 그 친구네 법당 빨간 휘장 아래 엎드려 숙제도 하고 귀한 주전부리도 먹었다. 가끔은 엄마 따라 포도밭 뒤 산 밑에 있던 암자에도 갔다. 석등이 있는 절 마당에서 엄마를 기다리던 기억이 있다. 남동생은 친구들과 길 건너 신생교회에 가서 연극을 하고 간식을 먹었다고 했다. '성당이 더 멋질 걸'이라는 내 속 말에 성당은 너무 높아 친구들이 올라가기 싫어한다는 말에 묻히고 말았다. 꼬맹이들 눈에도 분위기가 다르긴 했나 보다.

    그때나 지금이나 성탄절 감성은 종교와 상관없는 축제였다. 트리에서 반짝이는 꼬마전구처럼 가슴이 반짝거리곤 했다. 그 시절 겨울은 온통 크리스마스였다. 눈도 어찌나 많이 내렸던지 늘 눈 속에서 놀았다. 철이 들면서 성탄절로 한 달 정도 설레곤 했다. 더 나이가 들어서는 한 일주일 정도 분위기에 휩쓸렸고, 이왕이면 화이트크리스마스이길 바랐던 때도 옛날이 되었다. 찬란했던 시절이 빛이 바래 희미해진 지금, 그저 단 하루 덤덤한 기념일뿐이다. 반짝반짝하던 그 겨울은 멀어졌고 이제 깜빡깜빡하는 시간이다.

글을 쓰는 것도 보이지 않는 길을 내는 일이다.
발걸음을 떼야 길을 찾을 수 있으니
이 봄, 새롭게 떠나야겠다. 글의 길을 찾아서.

5부

노을의 눈물

노을의 눈물

먼 산 노을 속으로 스며드는 감나무에 홍시 하나 걸려있다. 가을의 끝자락, 알 수 없는 그리움이 탱탱하게 차올라 금방이라도 터질듯하다. 햇빛은 찬란하고 꽃보다 고운 단풍은 눈이 부시다. 어디 가서 통곡이라도 해야 가슴이 후련해질 것 같아 찾은 곳이 영화관이었다. 모든 이들을 울렸다는 영화였지만 그리움의 근원이 달랐을까, 허상의 감정이었을까 끝끝내 눈물은 흐르지 않았다. 멍울로 정체된 슬픔은 어디서 왔을까. 광활한 가을하늘이 무심하다.

기차를 탄다. 아무도 기다리지 않는 공간, 어둠 속으로 천천히 빨려 들어간다. 그곳은 엄마의 자궁 속 시간을 품고 있다. 빗줄기가 흐르는 오래된 필름처럼 번쩍번쩍 나타나는 장면을 쫓는다. 불빛이 모여드는 도시를 벗어나는 기차 안으로 어둠이 밀려오면서 살아나는 장면들, 그리운 순간이 피어난다.

아득한 시간은 부모님의 옛이야기 속에서 살아나곤 했다. '네가 네 살 때였던가, 홍수가 나서 호탄강을 건너는데 강물이 가슴까지 찼지. 너를 목마 태우고 식구들이 손을 잡고 물살을 헤치는데 신발 젖는다고 울어대고, 신발보다 넘실대는 흙탕물이 무서웠겠지, 혹시 그 강에 큰 배가 있었고 그 배에 버스도 타지 않았나요? 맞아, 지금처럼 연륙교로 섬 아닌 섬을 만들 수 있는 시대가 아니었거든. 증거사진도 없는 옛이야기를 풀어내던 긴 겨울밤, 꿈이 아니었다. 영동군에 속했던 마을마다 근무지였던 아버지의 기억 속에서 기어 다니고 걸음마를 하고, 자전거 뒷자리를 차지했다. 마치 첫 기억의 흔적이 곳곳에 배어 있을 것 같은 거기엔 내가 아는, 나를 아는 그 누구도 없다.

기차역에서 내려 거리를 걷는다. 수십 년을 건너왔지만 도심에서 천변까지 불과 한 시간도 걸리지 않는다. 어둠 속에서 나를 반기는 건 거리의 감나무뿐이다. 가로등 불빛에 붉게 익은 감들이 밝기를 겨룬다. 그리운 시간이 열린 나무, 어릴 적 친구였고, 장난감이었다. 대부분 단독주택이었던 시절, 마당에 감나무 한 그루 없는 집이 없었지만 우리가 살던 관사에는 무궁화 밖에 없었다. 그렇지만 감꽃이 피면 동네 골목마다 수북하게 떨어진 꽃은 온통 우리들 차지였다. 묵직하고 탱글탱글한 감꽃은 쌀도 되고 보석도 되어 코흘리개들의 소꿉놀이 재산이었다. 오래된 감나무는 가지가 찢어질 정도로 매달렸던 열매의 버거움을 기억하는지, 익어가려면 버려야 하는 것을 터득하였는지 떨어지는 풋감도 많았다. 떫기만 한 땡감도 놓칠 수 없는 장난감이고 우주였다. 씨앗이 품은 앙증맞은 숟가락은 얼마나 신기하던지….

감나무 언저리에서 주렁주렁 매달린 열매를 올려다보면 마치 미로에 갇힌 심정이다. 동네 골목길 담장 안을 기웃거리고, 여행길 스치는 들판에서도 눈을 떼지 못했다. 바닷가에서 노을이 물든 몇 알 남은 감을 보며 서성거렸다. 눈 덮인 홍시를 보면 연탄불이 생각난다. 늦은 귀가를 기다리며 연탄불 위의 두꺼비집을 반쯤 열어 찌개를 데우던 부모님도 아른거린다. 빈 가지에 덩그러니 홍시가 있을 뿐인데 가슴이 뜨거워진다. 늙은 감나무는 봄비의 속삭임과 땡볕의 아우성 그리고 서리의 매서운 눈초리까지 끌어안고 그 자리에서 듬직하고 묵묵하다. 우듬지에 말간 속내를 드러낸 까치밥, 깊숙이 품은 한 톨 씨앗마저 드러난 투명함은 시간을 거스르는 힘이 있다. 마을을 지키는 당산나무처럼 내 마음자리를 지키는 가을의 심장이다.

닿을 수 없는 시공간을 꿈꾼다. 쪼그리고 앉아 감꽃을 줍던 계집아이가 까까머리 사내아이를 가슴에 품었었나 보다. 떨떠름하게 끝이 난 풋사랑이 노을 속에서 되살아났다. 지인의 상가喪家에서 만나 새벽이슬 내리는 감나무 가로수 길을 따라 기차역까지 배웅해 준 기억이 가을 앓이의 실체였을까? 상황에 밀려 어긋난 사랑, 꽃이 피면 보자고, 첫눈 내리면, 가을비 오는 날 술 한 잔 하자고 누구도 입 밖에 내지 않은 말을 홀로 믿었다. 감나무 한 그루 울 안에 들이지 못한 결핍이 거리의 감나무를 욕심내고 있었나 보다.

물색없이 속내를 드러낸 홍시에 달빛이 스며들어 찰랑거린다. 아마도 저 까치밥 노을의 눈물인가 보다. 그리움의 깊이만큼 눈물샘이 차오른다. 차창에 스치는 불빛들도 깜빡깜빡 눈물을 떨구며 사그라지고 있다.

제비꽃

양지바른 곳에 있던 할머니산소가 사라질 때 할미꽃도 제비꽃도 함께 사라졌다. 이제 성묘하러 산길을 톺아 오르는 대신 운전만 하면 아파트 같은 봉안당까지 쉽게 갈 수 있다. 십여 년 전 아버지를 호국원에 모시고 밥벌이를 위해 취업을 했다. 일터는 낯설어 겁이 났다. 이른 아침 두근거리는 가슴으로 출근하는 길에 제비꽃을 만났다.

며칠 고온 현상이 이어지던 3월 어느 날부터 팡팡 봄꽃 터지는 소리 들리고, 마치 뻥튀기 기계에서 쏟아져 나온 팝콘 같은 벚꽃이 흐드러졌다. 그날부터 몸도 마음도 둥둥 떠다녔다. 시내버스에서 보는 벚꽃 가로수나 갑천 둔치로 만족을 못 하고 여기저기 기웃거렸다. 눈길 닿는 곳마다, 발길 닿는 곳마다 꽃이요 사람이다. 대전만 해도 벚꽃 명소를 꼽자면 열 손가락이 모자랄 것이다.

올봄 유난히 풍성하고 아름다운 벚꽃에 홀려 대학교정으로, 동네 공원으로, 대청댐 물가로, 계룡산 산그늘을 들락거렸다. 초록 잎사귀 없이 핀 꽃이 버석거리는 조화 같이 보여 아쉽기도 했다. 햇빛 속에서 들뜬 화장처럼 겉돌다가 달빛 아래에서는 촉촉하게 스며들어 윤기가 난다. 봄꽃에 생명을 불어넣는 시간은 역시 밤이 아닐까 싶다. 그래서 봄밤은 두근거리나 보다.

어느 날 동인들과 대전 문화유산 울림이 진행하는 정림동 수밋들 마을 여행을 갔다. 정림삼거리 농협 앞에서 만나 강변 어린이공원－사랑의 오작교－정림동 벚꽃 길－무궁화공원－도시재생 현장지원센터－어울림 벽화 거리까지. 이런 기회가 아니면 굳이 마을 곳곳을 돌아볼 일이 있겠는가. 정림동은 '숲 아래에 자리한 마을'로 한글로 '수밋들'이라는 마을 해설사의 이야기를 들으며 1932년 만들어진 가수원교에서 100년이 넘은 호남선 철도를 바라본다. 옛날에는 장터다리로 불렸고 현재는 '사랑의 오작교'로 재탄생한 안내판 앞에서 기념사진도 찍는다. 벽화 거리 정림초등학교 담장에 도자기로 구운 마을 지도는 수밋들의 자랑이며 다른 마을에서도 벤치마킹한다니 과연 특별한 지도였다. 무심하게 지나던 이웃 동네 속내를 들여다보는 마을 여행이 훈훈하다. 더구나 숨어있던 제비꽃을 만났으니….

초등학교 가는 길 쯤이었나, 도로보다 한 뼘 높은 턱이 있는 인도에서 차도 쪽으로 줄지어 피어 있는 제비꽃을 만났다. 자동차와 사람들로 인해 위험천만한 곳에서 어깨를 겯고 기차놀이 하는 제비꽃이라니, 어린 시절 풋사랑을 만난 듯했다. 아련한 설렘에 무리 지어 가는 일행을 놓치고 말았다. 길 틈에서 민들레를 보는 일은 흔하지만, 제비꽃을 만나기는 드문 일이다.
가녀린 제비꽃은 안쓰럽다. 바람이라도 불면 온몸을 떠는 모습이 마치 무서운 천적 앞에서 살려달라고 빌고 있는 것 같다. 재개발이라는 이유로 포클레인에 떠밀려 고층아파트 화단에 움츠리고 있던 날을 기억하는지도 모른다. 다행히 오늘 만난 제비꽃은 씩씩하고 용감했다. 그래서 더 반가웠다. 이 구역의 대장이라는 되는 듯 길 따라 피어 마을을 끌어안고 있다. 마을을 돌아보는 내내 나만 제비꽃의 안내라도 받는 것 같아 들떠 있었다. 휘황한 벚꽃에 가려 보이지 않더니 이제 눈을 돌리는 곳마다 제비꽃이다. 집 앞 배롱나무 그늘에도 있고, 학교 담장 밑에도, 교회 계단 틈에도 있었다. 섬마을이나 가야 볼 수 있던 흰 제비꽃도 어느 결에 뭍에 올라와 있다. 연륙교로 육지와 이어진 섬이 많아진 까닭일까.

척박한 땅에 뿌리를 내려 꽃을 피운 제비꽃을 보니 철없던 시절, 아름다웠던 순간, 지난했던 시간까지 주마등처럼 스쳐 간다. 급변하는 환경에 적응하며 살아가는 제비꽃이 기특하다.

공 할머니

수줍고 다소곳한 자태, 가녀린 몸매에 솜털이 보송보송하다. 아~ 얼마나 보고 싶고 어루만지고 싶었던가. 간절한 손끝이 떨린다. 정글에 들어선 맹수처럼 눈빛을 번뜩이며 두리번두리번 찾는다. 꼬물거리는 몸통을 똑 꺾어 이슬 같은 물이 맨살에 닿는 느낌은 어떨까? 야들야들 보드라운 걸 한 움큼 쥐고 싶다. 저기 하나, 두~울, 셋! 그리고…. 딱 거기까지였다. 이런 심보를 들켰나, 넓은 산중에 많기만 하다는데 내 눈엔 좀처럼 보이지 않는다. 뒤따라 오는 사람들은 잘도 찾아 주머니가 불룩하고 보따리도 두둑한데 돋보기까지 끼고도 알아보지 못하다니 참 아쉽다. 물론 그 때문에 산에 든 건 아니니 그저 덤으로 한 접시만 되면 좋으련만. 언감생심, 한 끼

반찬이 될 만큼도 꺾어본 날이 없다.

 귀신도 좋아한다는 고사리, 머잖은 설을 핑계로 마른 고사리를 샀다. 명절도 아니고 제삿날도 아닌데 고사리를 불린다. 부서질 듯 딱딱하더니 물을 먹으니 오동통하게 살이 올랐다. 삶아서 다시 물에 담가 아린 맛을 빼주는 등 말린 고사리가 반찬이 되기까지 한나절이 걸린다. 번거로운 과정을 거쳐야 하니 콩나물무침처럼 만만하진 않다. 고사리를 볶는 날은 대부분 대가족이 모였다. 훈훈하고 따뜻한 맛은 아름다웠던 날을 부르는 힘이 있다. 학교에 가기 전 산골에서 할머니와 지냈다. 볕 좋은 날은 묏등에서 미끄럼 타며 놀았는데 그때 산소 주변에 흐드러졌던 할미꽃이 물에 담가 둔 고사리에서 피어나고 있다.

 오래전 지리산 '공 할머니 민박'에 갔다. 좋아하는 TV 프로그램 〈인간극장〉에서 보았던 유명한 지리산 시골밥상을 직접 맛보고 싶었다.

 마을 입구 공 할머니 옛집. 앞쪽엔 주차장과 신 가옥이 있다. 조그만 창에 둘레 길과 남원 여행안내서가 기대고 있는 점방에서 할머니 아들이 말린 산나물과 음료 과자 등을 판다. 오후 2시쯤 도착하니 할머니가 나물을 삶고 계셨다. 가마솥 훈김에 딸려 나오는 거무스레한 나물들 사이로 말린 고사리 같은 손으로 반겨주신다. 방송 출연을 위한 촬영을 열 군데도 넘게 한 것 같다며 연출까지

하신다. 김 나는 가마솥도 찍으라 하고 화려한 이력이 있는 간판이 포토 존이라며 안내도 하신다. 창문이 보이는 방이 우리가 묵을 황토방이랬다. 장작 타는 냄새가 도는 거실에선 동네 앞뜰이 훤히 보이고 방바닥이 찜질방보다 뜨끈뜨끈했다. 인간극장 이후 주중임에도 빈방이 없단다. 온 마을이 다 민박집인데 할머니 집만 와자했다. 저녁 식사 전까지 동네를 돌아본다. 탱자나무 울타리를 지나 돌담길을 따라 걷다 보니 마을을 감싼 지리산 둘레길로 이어진다. 마을 뒤편이 온통 고사리 밭이다. 설날이 지난 지 일주일, 고사리 밭은 덤불숲이다.

할머니 산나물밥상은 정답다. 고사리는 물론 시래기, 다래 순, 뽕잎에 귀한 장녹까지 20여 가지나물 맛에 흠뻑 빠졌다. 두레상에 앉아 다정하게 나물 설명도 해주시고 손님이 많아 좋지만 고되다고 하신다. 4월이면 고사리를 꺾어야 하는데 일손이 없어 바라만 본단다. 그쯤엔 민박 손님도 많아 지금부터 걱정이 태산이라며 4월에 와서 고사리 좀 꺾어 가란다. 귀가 활짝 열리는 반가운 소리다. 꺾고 돌아서면 있고 또 있다지만 순간을 포착하기 쉽지 않다. 수줍음을 상실하기 전까지만 상품으로 인정받는다. 그 순간을 놓치면 움츠렸던 잎이 날개를 편다. 나물로 선택받지 못하고 나무가 되어 된서리 만나 푸석거리는 덤불이 돼 버린다. 그러니 채취시기를 놓칠까 벌써 걱정하시는 게다. 올 때처럼 아궁이 가마솥에 나물을 삶던 할머니가 기우뚱한 걸음을 옮긴다.

"지금 가시는 가~!"

많은 사람이 오갈 텐데 마치 친손녀처럼 살갑게 안아주며 눈물을 글썽이는 모습에 가슴이 뜨거웠다. 정 많은 할머니와 손가락까지 걸며 한 약속은 삼 년째 지켜지지 못하고 있다. 올해는 꼭 두 가지 손맛을 보련다. 사랑 넘치는 '공순춘' 할머니와 매동 마을냄새, 지리산 바람까지 정말 그립다. 할머니 동네에선 손보다 낫을 사용해야겠지만 난 꼭 맨손으로 똑똑 꺾어보고 싶다. 그 언저리에 할미꽃이라도 있다면 금상첨화겠다. 제발 올봄에는 길이 열리길 바라고 바란다.

장터목산장

해가 진다. 긴장과 열정의 하루를 마무리하는 시간, 뿌듯하고 감사하다. 이렇게 오랫동안 하늘을 바라본 적이 있었던가, 내가 올려다보니 비로소 눈을 맞춰준다. 태양이 서서히 내려가면서 움직임이 달라지는 구름, 붉은 소 같다가 복슬복슬 양이되었다가 앞발을 치켜세운 말이 되어 시나브로 흩어진다. 일몰은 부드럽다. 구름과 운해 사이 농담을 달리 한 겹겹의 봉우리가 어둠 속으로 사라질 때까지 자리를 지킨다.

'타 닥'하는 순간 산장예약은 끝이 난다고 했다. 임영웅 콘서트 티켓 예매와 다를 바 없이 어렵게 구한, 귀한 장터목산장의 하룻밤이다.

중산리에서 칼바위를 지나는 유암폭포 계곡은 크고 작은 폭포가 끊이지 않고 이어졌다. 깊고 높은 지리산 줄기를 흐르는 물소리에 다른 소리는 들리지 않았다. 계곡 너머 온 산을 채우는 폭포 소리와 하얀 포말에 주춤거리다 보니 산에 머무는 시간이 다른 사람들보다 길어졌다.

보랏빛 오이풀꽃 군락에 마지막 인사를 건네려는 동자꽃이 드문드문 남아있고, 강단 있어 보이는 구절초와 청초한 쑥부쟁이가 어우러졌다. 지리산 구절초는 산 아래 어느 사찰의 축제 현장에서 보던 모습이 아니다. 단단한 근육으로 앞서가는 저 친구들처럼 강인한 아름다움이 있다. 웃자란 쑥부쟁이같이 근육도 없는 주제에 장터목산장을 예약했다는 말에 제일 먼저 덤벼들었던 건 든든한 백이 있어서였다. 긴 세월 동안 전국의 산을 오가며 이어온 인연으로 나오는 등급이 다른 진정한 산악인들이다. 그 골짜기 운무가 보고 싶어, 그 능선엔 지금 원추리가 한창이야, 눈이 오면 눈이 와서, 그 산을 안아보고 싶은 산도 곧 가족인 이들이다.

장터목에 도착했다. 산장 전경이 훤히 보이는 위치로 간다. 어설프지만 품에 안듯이 사진으로 저장해 본다. 산장에서 밤을 보낸 건 열손가락을 넘지 않지만 오랜 친구들과의 많은 추억이 있어 뭉클한 장소다. 그들과 함께했던 순간들이 스쳐간다. 눈 쌓인 날엔 어묵 탕에 따끈한 정종 한 잔 하고, 햇살 좋은 가을날의 하늘만큼 높았던 웃음소리, 비 오는 날 취사장 처마 끝에서 빗물 섞인 밥을 나눠먹던 별이 된 친구, 지리산 골짜기마다, 능선마다 그 친구의 숨결이 서려있다.

오늘은 야외 테이블에서 삼겹살을 굽는다. 테이블마다 고기 굽는 이들로 가득하다. 하지만 우리 테이블처럼 호화롭지 않다. 잘 먹어야 한다는 '지리산 여인'은 김치 2종에, 장아찌, 각종 채소에 과일도 종류별로 잔칫상을 차렸다. 자기 키보다 높은 배낭에 1박 2일 동안 먹거리와 취사도구까지 야무지게 챙겨 '산으로'와 둘이 나누어지고 온 터다. 출발하기 전에 한번 들어보려고 했는데 들지도 못할 정도의 무게였다. 내게는 물도 한 병만 넣으라고 했다. 겨우 갈아입을 옷만 챙겼는데 그마저도 신세를 지고 말았다. 유일하면서 무모하게 욕심을 내는 '산' 때문에 일어난 일이다.

장터목산장이 잠자리를 허 한다는 건 천왕봉 일출을 볼 수 있다는 특권이 포함된 것이다. 산장에서 여유로운 아침을 맞고 싶었지만 일출을 보기위해 3시에 일어났다. 까만 하늘에 별무리 반짝이고, 이슬 맞은 나무와 꽃들도 랜턴 빛에 반짝인다. 하늘과 땅을 구분 지을 수 없는 어둠속에서 움직이는 불빛들, 천왕봉 일출을 향해 달려오는 등산객들의 랜턴 빛이 마치 불나방 같다. 하늘에 별, 랜턴도 별, 산 아래 도시에서 깜빡이는 불빛도 별이다. 칠흑의 하늘에 푸른빛이 들기 시작할 즈음 천왕봉이 보인다. 이미 많은 사람들이 모여 있다. 여명 사이로 바위에 서 있는 이들이 마치 배를 타고 있는 것처럼 보인다. 그 모습이 그윽하다. 바람을 피해 숨어든 바위 사이에 이슬 머금은 산 오이풀꽃도 일출을 기다린다.

해가 뜬다. 모두가 한 곳만 응시한다. 눈썹모양부터 올라와야 하는데 구름에 갇혀 애를 쓰고 있다. 간절한 마음이 통했는지 둥글게 모습은 드러내는 해님이다. 일출은 강렬하다. 심폐소생술 받은 듯 깨어나는 지리산, 눈앞의 초록 숲 너머, 푸른 산 사이사이 운무 드리우고, 더 파란 산의 구름까지 본연의 색을 찾아간다. 붉은 노을이 퍼지는 하늘은 마치 출렁이는 바다 같다. 빨간 여의주 하나 떠올라 새로운 세상이 열린다. 딱히 새로울 일없이 이어지는 덤덤한 시간, 오늘만은 가슴 뛰는 시작이다. 잘 내려가야 하는 산길을 훤히 비춰준다. 햇살이 퍼진 천왕봉이 왁자하다. 기쁨의 함성과 한발 늦어 아쉬운 한숨이 뒤엉켜 자기만의 일출스토리가 이어진다. 정상석에는 기념사진을 찍기 위한 줄도 길게 이어지고….

아~ 나는 부자다. 이 넓은 산하, 그것도 지리산에서 별무리를 보고 해 뜨는 순간까지 맞이했다. 이 장엄한 풍경을 누릴 수 있도록 도와준 친구들이 고맙다. 장터목산장에 먼저 도착해서 짐을 풀고 다시 내려와 내 배낭을 메고 올라간 '산의 친구' 황서현, 내려올 때 더 휘청거리자 자기 배낭 위에 내 배낭을 얹고 하산한 '산으로' 연규남. 그들이 아니었으면 엄두도 못 냈을 산행이었다. 산행이 남긴 근육통으로 일주일을 어기적거렸지만 심적으로 자신감이 생기는 터닝 포인트가 되었다. 그 중심에 장터목산장이 있다. 24년 8월 내내 폭염경보가 이어지고 있으니 해발 1,700이라 해도 예외는 아니었다. 에어컨이나 선풍기가 있는 것도 아니요, 샤워를 할 수도 없으니 그 끈적임을 안고 잠을 청해야 했다. 그럼에도 행복한 하룻밤이었다.

  장터목대피소라 쓰여 있지만 굳이 장터목산장이라 읽는, 그곳이 벌써 그립다. 눈 내리는 장터목산장이 보고 싶다면 함께했던 친구들이 입을 모아 소리칠 것이다. '아서요! 누구를 잡으려고~!' 그렇지만 어느 겨울날, 그들과 함께 장터목산장에서 저녁 만찬을 즐기고 있으리라.

매미성

 기억하지 못하는 시간, 누군가 그림책을 보여주었을까? 시대적으로나 환경적으로 그럴 형편은 아니었다. 물론 가보지도 못했는데 문득문득 나는 그 안에서 아늑하다. 어쩌면 전생에 내가 살던 곳이 숲 속의 '타지마할'이 아니었을까, 내가 모르는 내가 아직도 그 성에 머물고 있나 보다.

 매번 낯섦에 당황스럽다. 밤 사이에 또 휴대폰이 업그레이드되었다. 굳이 하고 싶지 않았지만 내 의견은 늘 무시되고 운영체제에 의해 자동으로 실행된다. 일상을 좌지우지하는 이 요물의 어떤 기능이 달라지고 좋아졌는지도 모른 채 바뀐 화면에 더듬거릴 뿐이다. 어디 손 안의 전화뿐이랴, 빠르게 변하는 세상을 쫓아가느라 숨이 턱에 차, 자괴감이 드는 시간이 길어진다. 인터넷 포털사이트에서 길을 찾을 수 없거나, 사용방법을 모르는 스마트기계 앞에서 당황스러울 때마다 속이 상한다. 그렇게 폭폭 해지면 도망치고 싶다. 인터넷은 고사하고 전기도 들어오지 않은 까만 하늘에 별만이 총총한 어딘가로.

사무실에서는 지난 일을 정산하고 다시 시작해야 하는데 무슨 절차가 그리 복잡한지 산뜻하게 마무리되는 일이 없다. 처리해야 할 일은 많지만 제자리걸음을 하는 시간이다. 그동안 불면증이라고는 몰라 동년배들이 돌연변이라 했는데 몇 날밤을 뒤척이며 밤을 밝히기도 했다. 의지와 노력만으로 안 되는 것이 시간이지만 요즘 유행하는 판타지드라마처럼 찰나에 다른 세상으로 옮겨가고 싶은 날들이다.

시간은 어쩔 수 없으니 공간이라도 뛰어넘어보자. 주말 하루 바다로 간다. '이수도'라는 거제시 장목면에 위치한 작은 섬이다. 시방 선착장에서 약 10분 거리, 거가대교와 부산, 창원, 대마도까지 조망할 수 있으며 기암절벽과 방목된 염소를 볼 수 있는 둘레 길을 가는 일정이다. 막 출발한 뱃머리에서 바람을 맞다가 선착장에서 멀지 않은 곳에 있는 바닷가 성벽에 매료되었다. 어느 먼 나라, 오래된 시간이 멈춰버린 것 같은 동화책에나 나올 것 같은 풍경이다. 미지의 성에 다가가고 싶은 마음이 앞서지만 출항한 배는 이미 이수도에 도착했다. 해안선을 따라 파도 전망대, 물새 전망대를 지나며 섬을 한 바퀴 돌다 보니 속이 후련해진다. 높지는 않아도 섬 특유의 오르내림이 심한 산에도 간다. 바다 위를 걷는 출렁다리도 빼놓을 수 없는 코스다. 좋아하는 싱싱한 미역 냄새에 숲 향기까지 더 해진 이수도 바람이 상큼하다. 2시간의 섬 트레킹을 마치고 드디어 그곳으로 간다. 거제의 관광명소가 된 '매미성'이다.

'매미성은 2003년 태풍 매미로 경작지를 잃은 시민 백순삼 씨가 자 연재해로부터 작물을 지키기 위해 오랜 시간 홀로 쌓아 올린 벽이다. 바닷가 근처에 네모반듯한 돌을 쌓고 시멘트로 메우길 반복한 것이 이제는 유럽의 중세시대를 연상케 하는 성이 됐다. 그 규모나 디자인이 설계도 한 장 없이 지었다고는 믿기지 않을 만큼 훌륭하다.'

매미성으로 가는 길도 여느 관광지처럼 간식을 파는 가게가 늘어서 있다. 찾는 이들이 많아지자 조용했던 마을골목이 카페나 군것질거리를 파는 상가로 바뀌었다. 가게 뒤쪽 파밭에는 직접 판매한다는 삐뚤빼뚤 손 글씨의 팻말이 세워져 있어 예전의 마을풍경을 짐작할 수 있다. 몽돌해변에서 파도소리를 듣다가 망루에 올라 끝없는 바다를 바라본다. 해변에는 젊은이들이 치맛자락 움켜쥐고 파도와 술래잡기를 한다. 자갈 밟히는 소리, 아이들의 해맑은 웃음소리에 저절로 미소가 번진다. 마치 중세시대 여인들이 긴 옷자락을 펄럭이며 춤이라도 추는 것 같다. 망루에는 바다를 배경으로 기념사진을 찍는 사람이 많아 줄을 서서 기다려야 한다. 이렇게 많은 이들을 불러 모으는 건 결국은 사람, 사람이다. 컴퓨터도 로봇도 할 수 없는 일이다. 우리의 손으로 돌을 다듬어 쌓아 올린 매미성, 오롯이 손으로 해 낸 일이기에 마치 내가 쌓아올린 성벽인 양 뿌듯했다.

  세상은 빠르게 변하지만 그와 무관하게 살아가는 사람들도 있다. 들판에서 냉이를 캐고 쑥을 뜯는 일, 소소하지만 우리만 할 수 있는 즐거운 일이다. 거제 쪽파도 손으로 뽑지 않으면 밥상에 오를 수 없지 않은가. 바다가 내려다보이는 다랑이 밭에서 줄을 맞춰 시금치를 수확하는 이들의 모습은 한 폭의 그림이다. 과수원이나 딸기농장, 그리고 고추밭에서 열매를 따는 일도 아직은 우리의 손으로만 할 수 있는 일, 사람의 몫이다.
  인터넷의 복잡한 미로에서 풀리지 않는 문제를 안고 끙끙거리기를 한 달은 족히 지났다. 어지러운 시간은 여전하다. 어제는 출구 없는 동굴 같았지만 오늘은 환하게 빛나는 문이 나타나기도 한다. 미련하게 붙잡고 있을 일이 아니라는 듯 도저히 방법이 없어 보이던 것이 다음날 어이없이 해결되기도 한다. 하루, 나들이 다녀왔다고 시간이 뒤로 밀리거나 훌쩍 뛰어넘은 것도 아니요, 무겁게 짓누르던 업무가 사라진 것도 아니다. 아무것도 달라진 게 없는 공간, 그 미로 속으로 다시 돌아왔다. 하지만 애면글면 하는 마음에서 놓여 난 것은 확실하다. 이제 휴대폰 업그레이드 정도는 가볍게 무시할 수 있다. 나를 깨운 멋진 왕자님의 궁전 '매미성'에서 받은 선물이다.

봄, 길을 찾아서

　몇 달 전부터 집에서 대각선으로 보이는 건물이 전체를 가리고 소음과 먼지를 일으키더니 마침내, 장막을 거두고 5층짜리 건물이 드러났다. 오늘은 이 층 난간에 안전모를 쓴 사람들이 위험한 게 걸음을 한다. 밧줄도 늘어져 있고 크레인도 긴 팔로 뭔가 올리고 있다. 건물을 오르내리는 길, 엘리베이터를 설치하는 모양이다. 콘크리트만으로 스산한 내부도 문을 달 참인지 문짝도 들어 올린다.
　집안에도 길이 있다. 그 집안에 길이 보인다. 지금 그 길을 짓는 사람들을 본다. 어떤 사람들이 깃들어 그들만의 길이 열릴 것이다. 삭막한 건물이 화려하게 변신을 하리라. 화목한 거실을 지나 향기로운 주방에 모여 즐거운 시간을 변산 채석강처럼 쌓아 올리겠다.

아래층엔 허물어진 보석상이 재입성하려나 궁금한 마음으로 바라본다. 집 밖에도 봄, 길이 열린다. 얼었던 계곡물이 풀리고 가로수 끝이 촉촉해진다. 봄기운 돌면 겨우내 움츠리고 있던 몸을 움직여 뒷산이나 물가를 어슬렁거리게 된다. 하늘을 올려다보기보다 땅을 보는 시간이 많아지는 것도 봄, 봄이기 때문이다. 길섶에도 새순이 돋았다. 손대면 녹아버릴 것 같은 이름을 알 수 없는 풀이다. 고운 연둣빛 새싹이 어떤 모습으로 자신을 드러낼지 궁금하고 기대된다.

동생네가 계룡산 아래 수통골로 이사를 했다. 휴일은 물론 평일에도 대전시민 누구나 즐겨 찾는 그곳엔 맛집과 카페가 즐비하다. 계룡산을 찾는 등산객도 많아 늘 붐빈다. 거기 우뚝한 아파트 26층에 새 둥지를 틀었다. 산골짜기에 흙냄새 나는 단독주택이라면 좋으련만 은선폭포길 계단처럼 수직으로 올라간 고층아파트라서 아쉬운 건 나뿐이다. 저 아파트를 바닥에 펼쳐놓으면 마을 하나는 되지 않을까. 구멍가게와 미용실도 하나쯤 있을 골목이 압축되어 있는 것 같다. 이제 막 초등학교를 졸업한 조카는 이사 후 다녀야 할 중학교를 바꿔야 했다. 이미 배정된 학교의 입학 포기각서를 쓰고 교육청에서 학교를 바꾸려 하자 교육청 관계자가 이민을 가시느냐고 묻더란다. 남들은 다 보내고 싶어 하는 학군을 포기하고 산 밑에 있는 중학교로 옮긴다는 어머니를 한심하게 보더라는 것이다. 우리가 보기에 그 관계자야말로 한심한데 말이다. 동생은 중학생이 되는 막내딸 위로 대학생인 아들과 딸이 있다. 그 아이들은 엄마의 치맛바람에 어지간히 시달렸다. 학원 뺑뺑이는 기본이고 위장전입도 불사하던 열혈 맘이었다. 극성스럽게 해 보니 별거 아니더라는 체험을 바탕으로 막내는 즐거운 초등학생이었다. 엄마는 아이가 초등학생이면 초등학생이 되고 대학교에 가면 엄마도 대학생이 된다고 한다. 이제 큰 아이들이 대학을 졸업하는데 막내 덕분에 다시 중학생이 되는 동생은 그 어려운 회춘을 한 셈일까. 이루지 못할 것 없는 영화처럼 과거나 미래로 갈 수 있다면 나도 중학생이 되고 싶다. 얼마나 찬란한 날인가.

  봄은 시작을 내포하고 있지만, 딱히 새로울 것이 없는 60대다. 물론 제2의 인생이라며 새로운 일을 시도하는 용감한 사람들도 있지만 대부분 하루의 반은 나른한 시간이다. 그즈음 소속 협회 사무실에 들어왔다. 낯선 환경에 새롭게 만나는 사람들과 살짝 긴장하며 일 년이 지났다. 보고 또 봐도 처음 하는 업무 같아 후회하다가 문제가 해결되면 고민했던 기억마저 잊어버린다. 바뀌는 환경에 적응이 더딘 편이다. 그래서 오래된 집에 묵은 가재도구를 끼고 산다. 봄이 되면 집안 곳곳이 칙칙해 보여 도배를 해 볼까, 앓는 소리를 내는 냉장고를 새로 사야 하나 잠깐 고민도 한다. 그러는 사이

계절이 바뀌면 언제 그랬냐는 듯이 잊고 만다. 그렇게 봄은 사람을 들썩이게 한다. 여기저기 봄꽃을 쫓는 발길 따라 마음도 떠다니는 봄이었는데 어느 순간 가라 앉아버렸다. 올봄은 좀 더디게 오나 보다. 며칠째 안개가 도시를 점령했다. 어제는 한 치 앞도 보이지 않더니 오늘은 좀 나아졌다. 봄은 강렬한 햇빛 때문에 싫었는데 벌써 일주일째 오리무중이다. 안개와 구름 그리고 미세먼지로 출구가 막혀버린 터널 같다. 자꾸만 겨울로 뒷걸음질 치고 싶다.

 잃어버린 것도 잊어버린 것도 없는데 꼭 찾아야만 하는 '무엇'때문에 뒤숭숭하다. 서툰 일에 묶여 있다는 핑계로 출발도 하지 않은 채 해를 넘기고도 더듬거렸다. 어느 지점에선가 길을 잃었나 보다. 입구를 찾지 못해 헤매거나 미로에 들어 출구를 찾지 못하기도 한다. 글을 쓰는 것도 보이지 않는 길을 내는 일이다. 발걸음을 떼야 길을 찾을 수 있으니 이 봄, 새롭게 떠나야겠다. 글의 길을 찾아서.

우산

현관문 옆에 초록색 우산이 기대고 있다. 친구에게 받은 선물이다. 007 영화에 나오는 만능 우산처럼 믿음직스럽고 멋스럽다. 온몸이 유월의 숲같이 짙은 초록으로 윤기가 흐르고, 날씬한 물음표 모양의 손잡이는 안정감을 준다.

양산도 받았다. 너무 가벼워 가방에 있는지도 모를 정도로 존재감이 없다가 햇빛이 쨍한 낮에는 그 진가를 발휘하는 삼단 양산이다. 양산이라면 일단 화려한 레이스가 있어 거슬리고 크기도 길어서 거추장스러웠다. 사용하는 사람도 대부분 나이가 든 사람들이라 양산은 할머니라는 선입견으로 따로 양산을 가져 본 적이 없었다. 그런데 그 작은 것이 한순간에 그런 편견을 날려주었다. 나풀

거리는 거 없이 깔끔하고 단순해서 좋았다. 접을 수 있어 간편하고 다 접으면 한 뼘 정도밖에 되지 않아 휴대하기도 편리했다. 분명히 양산인데 비가 와도 쓰고 눈을 피할 때도 펼치고 전천후로 애용하다 보니 살이 부러지고 말았다. 햇빛을 가리는 용도로만 사용했다면 더 오래 쓸 수 있었을 텐데 손에 착 감기던 양산이 아쉬웠다.

허깨비 같던 존재의 빈자리가 무겁다 싶을 때 다시 새로운 우산을 받았다. 비어 있기가 무섭게 채워주는 친구라서 '그거 없는데 혹은 좋던데'라는 말을 삼가야 한다는 말을 우리가 주고받긴 했었다. 말이 끝나면 그 물건이 짠하고 나타나곤 했으니. 이번에는 양산과 우산의 기능을 모두 겸비한 이른바 양·우산이라고 한다. 삼단으로 접을 수 있어 가방에 쏙 들어가긴 하지만 무게는 좀 나간다. 내부는 자외선 차단 기능이 있는 양산 원단에 외부는 방수 원단으로 구성된 암막 양 우산이니 무게로 존재감을 드러내는 모양이다.

지금은 너나없이 부족함을 모르는 시대다. 그건 뼈가 부서지라고 일을 해 결핍을 모르게 키운 우리 탓일 수도 있다. 양산이건 우산이건 넘쳐서 탈이다. 잃어버리기 딱 좋은 물건이 우산이다. 집을 나설 때는 비가 와서 쓰고 출발하지만, 집으로 갈 때는 비가 그쳐서 필요 없어지는 경우가 많다. 어디서나 눈에 띄는 게 버려진 우산이다. 버스를 타면 카드체크기 옆에 서너 개의 우산이 걸려있는 모습은 익숙하다. 비가 오면 간절해지지만, 평소에는 눈길도 주지 않는. 아무도 귀하게 여기거나 중요하게 생각하지 않을 만큼 그저 흔하게 볼 수 있는 물건이지만 필수품이기도 하다.

　그녀의 힐링 장소는 대청댐이다. 혼자서 그 언저리 카페에 가서 브런치에 커피를 마시며 물-멍을 한다. 넘치는 측은지심으로 나보다 상대방을 먼저 생각하는 배려가 깊지만 남들이 하지 못하는 바른말을 하는 바람에 껄끄러워하는 사람도 있다. 내가 못 하는 말을 해줘서 속이 시원하다는 이도 있고 굳이 지적하지 않고 넘어갈 수도 있을 텐데 하며 안타까워하기도 한다. 퍼주기 좋아한다. 무엇이든 하나를 사는 법이 없이 지인 수대로 사서 나눠주기를 즐긴다. 액세서리, 스카프, 앙증맞은 가방 등등, 그래서 쌍둥이처럼 같은 가방, 같은 신발을 신고 만나는 경우가 종종 있다. 하나도 둘도 아닌 셋씩이나 되는 할머니들은 같은 차림에 재미를 느껴 다음에는 같은 스카프 하기, 같은 운동화 신기를 정하기도 한다. 그 중심에는 요즘 보기 드물게 삼시세끼 15첩 반상을 차리는 현모양처 언니가 있다. 덜렁대는 동생들 챙기느라 주름살이 늘어난다고 투정하는 우아한 귀부인이다. 또 한 사람, 특별히 믿고 의지하는 큰언니 같은 막내도 스카프에 이어 우산으로 맺어진 한 팀이다. 물론 오래전부터 문단에서 함께 활동해 온 마음이 맞는 동인들이기에 가능한 인연이다. 어느 날 문득, 갑갑해지면 전화할 수 있는 친구들. 대청댐 드라이브로 마음을 정화해 주고, 투덜거리는 억지도 들어준다. 그녀들의 그늘아래서 이름을 내세우고 ○○이랍시고 행세하는 셈인데도, 언제나 애쓴다고 격려와 칭찬을 아끼지 않아 민망할 따름이다.

집뿐이 아니라 사무실에도 출입문을 열면 눈이 마주치는 곳에 기다란 골프 우산과 접이식 우산, 비닐우산까지 가지런하다. 내 주변의 모든 우산은 그녀한테서 왔다. 든든하다. 얼마 전 대청댐에 가서 멋진 소나무 그늘에 앉아 찍은 사진을 본다. 그날의 풍경에 동요 〈우산〉의 멜로디가 떠오른다. '이슬비 내리는 이른 아침'의 날씨가 달라진 우리들의 이야기다.

'햇볕이 쨍쨍한 어느 날 오후, 양산 셋이 나란히 걸어갑니다.
색깔 같고 모양도 같은 쌍둥이 양산, 대청댐 잔디밭에 피었습니다.'

사진에는 우리가 주인공이 아니라 양산 세 개 나란히 펼쳐놓았다. 세 쌍둥이 양산 위로 하하 호호 웃음소리 들리는 듯하다. 햇볕이 쨍한 날은 양산이 되어주고 비가 내리면 우산이 되어주는 아름다운 친구들이다.

태백은 어디에

 겨울엔 눈이 와야 제격이다. 발목까지는 아니어도 발이 빠지는 정도는 되어야 한다. 그 부분에서 올 겨울은 직무유기를 하고 있는 셈이다. 그러니 겨울의 낭만도 사라졌다. 아쉬움을 달래려고 기차를 타고 태백으로 간다.
 태백은 눈의 도시다. 한겨울 '바람의 산' 태백에 들어 본 사람이라면 누구라도 인정하는 말이다. 오래전 산 꾼을 자처하며 전국의 산을 누비다 마침내 백두대간 종주에 이르기까지 겨울 산에 대한 추억으로 태백산 천제단은 시간이 지났어도 눈으로 남아있다. 태백에 간다고 하니 동인이 천제단 바람에 꽁꽁 얼었던 이야기를 한다. 이제는 바람을 이길 자신이 없어 산에는 안 간다며 웃었다. 모두가 알고 있듯이 태백은 눈이다, 바람이다. 유명한 눈 축제가 있고 함백산 풍차 아래 펼쳐진 설원풍경에 익숙하기도 하다. 오늘은 산 아래 마을에서 눈 이삭이라도 밟으며 낭만을 찾아보고자 했다. 그래도 강원도요, 太白이 아니던가.

대전에서 제천까지 눈 쌓인 들판을 달리는 순간부터, 차창을 통해 보이는 풍경은 언제나, 멀리 있어 아름답다. 내가 소속되지 않은 단체나 장소는 아무 문제가 없어 보이는 것처럼. 제천에서 기차를 갈아타는 번거로움도 태백에 도착하면 기다리고 있을 겨울을 상상하며 기꺼이 즐긴다.

드디어 도착했다. 온 세상이 하얀 동심을 찾을 수 있는 여기. 그런데 내 마음에 저장된 태백이 아니다. 검은 진주와 더불어 반짝이던 시대에나 어울리는 이름이었다. 진폐증을 앓던 아버지 세대와 더불어 늙어 가던 마을은 세대교체로 새로운 바람을 일으키고 있다. 사람이 할 수 있는 일과 자연이 하는 일이 다른 까닭인지 눈이 없다. 건조한 거리, 바닥이 드러난 계곡이 실망스럽다. 연 이틀 전국적으로 눈이 내렸는데 내리자마자 녹아버린 우리 동네와 다를 바가 없다. 힘겹게 올라야 하는 산보다 몸 편하게 겨울 정취를 제대로 맛볼 줄 알았는데 낭패다. 제 꾀에 넘어간 꼴이라니 저 멀리 함백산이, 태백산이 하얗게 웃는다.

강원도는 여름보다 겨울이다. 물보다 산을 좋아하는 성향이라 사람들로 북적이는 동해안 바닷가는 흥미가 없으니 철원, 강릉, 춘천, 태백이 겨울 여행지였다. 올 때마다 하얗기만 했다. 거뭇한 석탄가루 같은 먼지가 흩뿌려져 있어도 거리마다 수북하게 모아 놓은 눈 더미를 보는 게 당연했다. 해마다 찾던 곳인데 언제부터였나, 코로나로 묶였던 후였을까, 눈이 없으니 삭막하다. 푸석한 도시, 시내를 돌아본다. 낙동강 발원지 황지연못에서 힘차게 샘솟는 물줄기에 메마른 가슴을 적시고, 두리번거리며 공원도 가고 시장도 간다.

유명한 바람 탓인지 주택가 지붕 위에 눈이 삼분의 이 정도만 쌓여있다. 순간 찡하다. 염색할 때를 놓쳐 희끗희끗한 내 머리카락처럼 초라해 보인다. 눈의 두께에 따라 빈부격차라도 나는 듯 듬성듬성 쌓인 눈, 거뭇거뭇한 맨땅이 드러난 산야는 남루하다. 여기저기 기워 입은 옷처럼 춥고 쓸쓸하게 보인다. 풍성하게 쌓였더라면 두툼한 솜이불처럼 포근하게 보였을 텐데….

이번 기차여행은 코스부터 자연재해로 빗나간 일정이 되어 버렸다. 기획은 백두대간 협곡열차였으나 지난여름 홍수로 영동선 구간이 운행 중단 되었기에 도시로 발길을 돌려야 했다. 복구 시까지 협곡 열차는 중단이라는 안내판이 승차권 판매 창구 옆에 새초롬하게 붙어있다. 그럼에도 여행은 잠들었던 심장을 뛰게 한다. 혼자

하는 여행은 오롯이 나를 들여다볼 수 있어서 좋다. 여러 사람과 동행하는 길은 든든해서 또 좋다. 같은 곳을 바라보며 느끼는 감정이 천차만별이란 점도 흥미롭고, 같은 기분으로 눈이 마주쳤을 때 반가움 또한 신나는 경험이다.

 태백은 탄광의 대명사였지만 이제는 눈꽃 축제를 보기 위해 찾는다. 시대변화로 인해 관점이 흑에서 백으로 달라진 도시가 기후 위기에 특성을 잃어가고 있다. 어디 우리나라 태백에만 국한된 일인가. 북극의 빙하가 녹기 시작했다는 이야기도 옛날이야기가 되었고 북극곰을 살려달라는 캠페인도 아주 익숙하다. 우리의 뚜렷했던 사계절이 무너지고 있다는 걸 절실히 느낀다. 사라지는 겨울을 되돌려 코끝이 찡하게 매운 날을 느끼고 싶은 마음이 어디 나쁠일까. 생활 가까이 실천 가능한 방법부터 법적 제도적으로 바뀌어야 하는 문제까지 다양한 의견이 우리 일행이 차지한 기차 한 칸에 차고 넘친다. 덜컹거리는 지구환경까지 걱정하는 '기차 타고 겨울 여행'에서 묵직한 숙제 하나를 얻고 온 셈이다. 우리 모두 '독수리 오 형제'가 되어야 한다는.

자연을 스케치하는 여정과 관조觀照
- 조성순 세 번째 수필집 『막걸리 커피』를 읽고

박순길 (한국문협시분과 이사, 문학평론가)

1. 살펴보기

 사람은 삶의 의지로 가득 차 있기 때문에 고통스러울 수밖에 없다. 우리가 삶의 의지라는 욕망의 바다, 고통의 바다에서 벗어나는 방법은 없다. 철학자 쇼펜하우어는 인생의 고통을 완화하는 방법을 예술에서 찾는다. 마음을 비우고 자연의 풍경을 조용히 바라봄으로써 깊이 빠져들어 마음 전체를 비우는 상태, 삶에 대한 의지에서 벗어나 자연과 인간의 마음이 하나가 되는 것이다. 이것이 의지와 고통이 없이 시간을 초월한 마음의 상태가 된다고 주장한다.
 조성순의 수필이 그렇다. 여행하면서 자연과 마음이 하나 되어 자연의 이치를 알 듯 자신을 다듬고 있다. 또한 조성순 수필가는 행복의 참된 조건은 객관적인 외부에서 찾는 것이 아니라 자신 안의 주관적인 조건에서 찾아야 한다고 스스로 위로하고 있다. 개인의 행복은 지위나 재산 같은 외적인 것에 의해 결정되는 것이 아니라, 내면세계를 받아들여 의미를 구성하는 의식의 영향을 크게 받고 있다. 수필을 읽다 보면 외부의 영향보다 내면을 강하게 의식하여 자신의 영역을 구축한다. 흔히 장년층의 로망인 세컨하우스의 과수 가꾸기나 텃밭의 채소를 가꾸기보다 집안에 꽃을 가꾸거나 그것도 아니면 도로가의 작은 민들레꽃을 보는 것으로 마음을 다스리기도 한다. 여행을 하고 자연에 마음을 뺏긴 조성순 수필가는 충남대학교 평생교육원문예창작을 수료하고, 뜻이 있어 방송통신대학 국어국문학을 전공한 만학도이기도 하다. 『문학사랑』에서 수필부문 신인작품상을 받았고 이후 수필전문지 『에세이문학』으로 등단하였다. 작품집으로는 시집 『바람의 도시』, 수필집 『아버지의 뒷모습』, 『내일은 사하라에서』가 있고 이번에 세 번째 수필집을 상재한다. 첫 번째 수필집으로 대전문인협회에서 주관하는 〈올해의 작가상〉을 수상하였고, 2023년 여름호 『한국문학인』에 게재된 작품 〈초록눈물〉로 한국문인협회에서 수여하는 제9회 한국문학인상을 수상하였다. 이후 작품성을 계속 인정받아 대전일보 〈한밭춘추〉에 칼럼을 연재하였고, 『대전예술』에도 작품이 소개되었다. 조성순 수필가는 충북 옥천에서 태어나 대전에서 생활하고 있으며 퇴직 후 대전문인협회 사무국장을 맡아 문인들의 손발이 되어 봉사하고 있으며 틈틈이 여행을 다니면서 생활의 활력을 찾고 있다.

2. 낯선 곳에서 나 바라보기

사람들이 여행을 가는 이유는 다양하지만, 스트레스 해소와 휴식으로 일상에서 벗어나 새로운 환경에서 쌓인 감정을 풀기 위해 떠난다. 일상에서 벗어나 새로운 장소에서 재충전할 수 있기 때문이다. 여행은 문화, 음식, 낯선 곳에서 사람들을 만나고 새로운 경험을 할 수 있는 기회를 제공한다. 이러한 경험은 호기심을 자극하고, 자신이 알지 못했던 세계를 접하게 한다. 새로운 환경에서의 경험은 개인적인 성장을 촉진하고, 자신을 돌아보고 성찰하는 시간을 갖는다. 또한 관계 강화로 가족, 친구, 연인과 함께 여행을 떠나면 서로에 대해 더 많이 알게 되고, 함께하는 경험을 통해 정을 더욱 돈독하게 쌓을 수 있다. 모험과 도전으로 새로운 곳을 탐험하고, 익숙하지 않은 상황에 적응하는 과정에서 모험심을 자극받고 도전하는 것을 즐기는 사람들도 있다. 이처럼 여행은 단순한 휴식 이상의 의미를 가지며, 개인의 다양한 동기와 필요를 충족시켜 주는 중요한 활동이다.

조성순 수필가의 작품을 읽으면 사물을 보이는 대로 스케치하기보다 스케치한 행간의 맑고 고운 인생을 관조하는 생각이 고스란히 담겨있다. 봄이면 시골 마당집에 어미닭이 알을 부화하여 노랑 병아리들이 어미닭을 따라다니는 모습을 연상시킬 정도로 정답고 아련한 생각이 녹아있다. 이러한 모습을 찾아 조성순의 수필을 따라가 본다.

> 어떤 사람들은 평생 바라보지도 않는 분야에 바람(꿈)을 품고 제 발로 들어와 바람을 일으키고자 한다. 마치 대숲 같다. 최명희 소설에선 '대는 속이 비어서 제 속에 바람을 지니고 사는 것이라 가만히 서 있어도 저절로 대숲에는 바람이 차기 마련이라고'했다. 어쩌다 보니 대숲에 들어와 있다. 나야말로 속 빈 대나무가 아닌가. 전혀 새로운 일을 시작하려니 하루는 가슴이 탱탱 볼 튕기듯 통통거리고, 어떤 날은 타당 탕 마룻바닥에 농구공 부딪치는 요란한 소리가 나기도 했다. 안팎에서 불어대는 바람에 적잖이 당황하며 몇 달이 갔다.
>
> — 「바람의 집」 일부

조성순 수필가가 대전문인협회 사무국장으로 자리를 옮기면서 느낌을 소회한 부분이다. 한 번도 생각해보지 않았던 일을 수행하자니 적잖이 당황하는 모습을 엿볼 수 있다. '대는 속이 비어서 제 속에 바람을 지니고 사는 것이라 가만히 서 있어도 저절로 대숲에는 바람이 차기 마련이라고' 했다. 최명희 소설의 인상깊은 문장이다. 대는 속이 비어서 흔들리듯 사람도 흔들리고 흔들리며 중심을 잡아간다. 조성순 수필가도 어쩌다 보니 대숲에 들어와 있다. '나야말로 속 빈 대나무가 아닌가' 라며 흔들리는 자신이 속빈 대처럼 흔들리고 있음도 주저하지 않고 속마음을 내비치고 있다. 최명희(1947-1998)는 깊은 문체와 섬세한 감정 묘사로 유명하며, 특히 역사적 배경을 바탕으로 한 작품에서 전통과 문화를 중시하는 모습을 많이 보여준다. 세밀한 묘사와 문학적인 언어로 가득 차 있으며, 일제시대의 분위기와 감정을 생생하게 전달하고 있다. 조성순 수필가가 최명희 소설 속의 문장을 인용하여 자신의 마음을 빗댄 것은 최명희의 소설에 감동을 받고 자신도 그런 문장을 동경하고 있을성 싶다.

퇴직한 지 3년, 코로나로 옴짝달싹 못 하다가 마침내, 바람이 지키는 집으로 여행을 왔다고 마음을 굳혔다. 여행은 다른 환경을 접하는 일이다. 새롭다는 건 낯설고 두렵기도 하지만 흥미롭기도 하다. 독수리 타법으로 수필 한 편 쓰는 건 재미있고 신이 나지만 사무실 컴퓨터에서는 엑셀 때문에 헤매기도 한다. 긴장 50에 설렘도 50인 여행에 비하자면, 8할이 긴장이요 설렘은 달랑 2할이라는 점이 다르다. 그래도 올해는 여기에 온 힘을 다하려고 한다. 앞으로 두어 번 큰 바람(행사)

을 거쳐야 한 해가 마무리될 예정이다.

- 「바람의 집」 일부

　여행은 긴장이 50, 설렘이 50이라고 정의한다. 바꾸어 살피면 평상시 집은 100이라는 뜻이다. 모든 사람은 집에서 생활하고 어쩌다 여행을 간다. 집이 100인 행복을 보면 집은 개인에게 가장 안전하고 보호받을 수 있는 공간으로 외부 세계에서 겪는 스트레스나 불안감에서 벗어나 편안하게 쉴 수 있는 안식처다. 집은 편안한 개인의 공간이다. 자신이 원하는 대로 꾸밀 수 있고, 취향에 맞게 인테리어나 가구를 배치하고, 자신만의 공간을 만들어 편안함을 느낄 수 있다. 또한 개인의 사생활을 보호해주는 공간이다. 안정된 생활 기반을 제공하는 집은 일정한 생활 리듬을 유지하는 데 중요한 역할을 한다. 이를 통해 일상적인 생활 습관을 유지하며 더 나은 삶의 질을 추구할 수 있다. 이처럼 집은 개인의 행복과 안정, 그리고 삶의 질을 높이는 데 중요한 역할을 하는 공간이다. 이렇게 편안한 공간을 탈피해 긴장과 설렘이 반반인 여행을 하는 것은 평범함을 벗어나고자 하는 의지가 강하게 엿보인다. 여행 가방을 싸놓고 기회가 되면 아무 생각없이 기대도 없이 훌쩍 떠날 수 있는 용기가 부럽기도 하지만 그녀에게 여행은 또 다른 삶의 의미를 찾는 특별함이 있을 것이다.

이어령 선생의 수필 「벌의 언어와 나비의 언어」를 읽고 나비의 언어를 동경하였다. "벌이 꽃을 향해서 행진을 한다고 한다면 나비는 꽃을 보고 춤을 춘다고 하는 편이 어울릴 것이다." 꽃을 찾아가는 벌과 나비의 모습을 보니 내 글은 벌의 몸짓에 불과한 것 같았다. 그때부터 나비를 꿈꿨다. 마침 함평에서 나비축제를 한다기에 만사 제쳐두고 기차를 탔다. 하루를 나비 속에서 보내야지. 나비만 생각하고 나비와 하루를 뒹굴어보리라.

- 「나비야, 나비야」 일부

　이어령 선생의 수필 「벌의 언어와 나비의 언어」를 읽고 나비를 꿈꾼다. 벌은 꽃을 보고 쫓아가지만 나비는 팔랑팔랑 춤추며 날아간다. 벌은 꽃을 향해 부지런히 날아간다. 그 작은 날갯짓에는 삶의 바쁜 일상이 담겨있고, 꽃이 품은 달콤한 꿀을 향한 일념이 깃들어 있다. 벌은 쉬지 않고, 한 걸음 한 걸음 꽃을 향해 나아간다. 그 행진은 목적이 뚜렷하다. 그러나 나비는 다르다. 꽃을 마주할 때 나비는 멈춰 서서 그 위에서 춤을 춘다. 나비의 춤은 꽃에 대한 경의와 찬사를 담고 있다. 꽃이 풍기는 향기와 그 섬세한 빛깔에 마음을 빼앗긴 나비는, 그저 바라보고 있을 수 없다. 날개를 펼쳐 꽃을 향해 춤을 추며 그 순간을 느낀다. 나비의 춤은 바람에 실려 자연의 일부가 되고, 시간의 흐름마저 잊은 채 춤을 이어간다. 벌과 나비, 그 둘은 꽃 앞에서 서로 다른 길을 걸어가지만, 그 마음에는 삶을 유지하는 진심이 담겨있다.

조성순 수필가는 수필작품을 벌과 나비로 비유하면서 수필을 읽고 쓰는 것을 춤추며 즐기고 향유하고 싶어한다. 진정한 수필가의 의지를 엿볼 수 있다. 수필은 자유로운 형식으로 자신의 생각과 느낌을 표현하는 글쓰기이다. 수필은 문학의 한 장르로, 소설이나 시처럼 엄격한 구조나 형식에 얽매이지 않는다. 특정한 주제를 깊이 있게 탐구하기보다는, 일상에서 느끼는 감정이나 경험을 바탕으로 개인적인 견해로 자연스럽게 풀어낸다. 수필은 누구나 쉽게 접근할 수 있는 장르이며, 일상 속 작은 사건이나 감동을 통해 독자에게 새로운 시각을 제시할 수 있는 매력적인 글쓰기이다. 일상의 모든 것에서 감동을 찾아내는 수필은 치열한 내공없이 독자에게 감동을 줄 수 없어 조성순 수필가는 벌 보다는 나비를 꿈꾸는 수필 찾기에 여념이 없다. 자신의 생활, 철학, 경험, 혹은 사회적 이슈 등을 다루며, 서정적으로 혹은 완곡한 주장의 방식으로 생각을 표현하면서 자유로움, 주관성, 그리고 독자와의 소통에 중점을 두고 있다.

어렸을 때 공작 시간에 찰흙이나 종이로 만들기를 했다. 마을 전체를 그려놓고 집을 만들고 나무도 꽃도 만들던 그 시간과 공간 속으로 들어와 있는 기분이었다. 아무런 걱정 없이 엄마가 해 주는 밥 먹고 학교에서는 하라는 대로 하기만 하면 칭찬받던 시절, 꽃피는 산골에서 물장구치던 때처럼 유니버설스튜디오에서 스릴 넘치는 놀이기구도 탔다. 우리나라에서는 근처에도 가지 않던 아찔한 놀이기구에도 당연한 듯 올라가게 되는 늙은 우리가 어린아이가 되었던 날이었다.

- 「공작工作도시」 일부

싱가폴을 여행하면서 놀이기구를 탔던 장면이다. 놀이기구 하나 타면서도 학교공부 시간을 생각하고, 마을을 연상하고, 엄마가 해 준 밥과 선생님의 칭찬까지 소환하고 있다. 누구에게나 추억은 있고 어린 시절의 공작 시간이 떠오른다. 작은 손에 쥐어진 찰흙은 무엇이든 될 수 있다. 동그랗게 뭉치고, 손가락으로 꾹꾹 눌러 형태를 만들 때마다 머릿속에는 끝없는 상상의 세계가 펼쳐진다. 동물도 만들고, 나만의 작은 마을도 찰흙으로 빚어낸다. 어딘가 삐뚤고 울퉁불퉁했지만, 그 안엔 마음속에 담긴 꿈들이 가득했다. 종이를 꺼내어 집을 그릴 때도 그랬다. 마을의 지붕들은 항상 빨간색, 창문은 노란색, 그리고 하늘은 언제나 맑고 푸르렀다. 나무 아래에선 친구들과 뛰놀았고, 길에는 끝없이 이어지는 웃음소리가 가득했다. 그 시절의 마을은 언제나 따뜻하고 평화로웠다. 연필을 잡고 있는 손끝에서 나오는 그 선들이, 꿈꾸는 세상을 만드는 마법 같았다. 그 시절로 돌아가면, 세상은 늘 단순하고 아름답다. 찰흙과 종이만 있으면 모든 것이 가능했던 시간, 무엇이든 될 수 있고, 모든 것이 새로웠던 그 시절이 그리운 것이다. 싱가폴을 여행하면서 어린아이가 놀이기구 타는 것이 당연하듯 늙은이들도 어린아이가 되어 놀이기구를 탔다는 내용이 실감난다. 놀이기구에 추억을 소환하여 글의 소재로 삼으니 조성순의 작품은 독자도 어린 시절을 생각하기에 감동이 있다. 여기서 수필가가 사물을 보는 대상은 낯선 것 또는 익숙한 것에 자신이 경험했던 옛날을 소환하고 추억하는 것이다.

    어제는 출구 없는 동굴 같았지만 오늘은 환하게 빛나는 문이 나타나기도 한다. 미련하게 붙잡고 있을 일이 아니라는 듯 도저히 방법이 없어 보이던 것이 다음날 어이없이 해결되기도 한다. 하루, 나들이 다녀왔다고 시간이 뒤로 밀리거나 훌쩍 뛰어넘은 것도 아니요, 무겁게 짓누르던 업무가 사라진 것도 아니다. 아무것도 달라진 게 없는 공간, 그 미로 속으로 다시 돌아왔다. 하지만 애면글면 하는 마음에서 놓여난 것은 확실하다. 이제 휴대폰 업그레이드 정도는 가볍게 무시할 수 있다. 나를 깨운 멋진 왕자님의 궁전 '매미성'에서 받은 선물이다.

                                                                            - 「매미성」 일부

여행은 일상에서 벗어나 휴식과 재충전의 기회를 제공한다. 일상에서 느끼던 스트레스가 줄어들면서 더 긍정적인 사고를 할 수 있게 되고, 정신적으로 여유를 찾게 된다. 뿐만 아니라 여행은 자신의 생각이나 감정을 돌아볼 시간을 주기도 한다. 고독한 순간이나 새로운 경험 속에서 자신을 되돌아보는 과정에서 머리가 맑아지는 경험을 할 수 있다. '어제는 출구없는 동굴'로 보아 여행 전에 상당한 스트레스나 고민이 계속 되었던 것 같다. 하던 일을 멈추고 여행을 다녀오니 스트레스도 풀리고 정신적 여유를 찾은 모양이다. 문학에서 왕자님은 흔히 용감하고 고결한 주인공으로 등장한다. 위험에 처한 공주를 구해오거나 어려운 일을 해결해주는 남성상을 지칭한다. 매미성은 태풍 '매미'로 버려진 땅을 돌로 성을 쌓아 새로 일구어 관광객이 많이 찾아오는 곳이다. 웅장한 매미성을 보고 '사람의 노력이 엄청나다'는 사실을 깨닫고 거기에 비하면 자신의 노력이 부족하다는 자아성찰과 모든 것을 해결해 주는 왕자님이 나타나기를 기원하는 생각도 엿볼 수 있다. 이처럼 여행 후 마음의 여유가 생기고 자신감을 갖게 된 긍정의 힘을 보여준다.

3. 부모님의 추억, 우애, 그리고 우정

추억은 과거의 경험을 되살리는 것이고, 우애는 형제 자매간의 사랑이고, 우정은 친구간의 정이다. 글 속에는 부모님과의 추억이 편편이 나타나고, 형제간의 우애, 아낌없는 우정이 펼쳐진다. 세상에서 가장 소중한 세 가지 관계를 떠올려보면, 부모님과의 추억, 형제자매 간의 우애, 그리고 친구 간의 우정을 빼놓을 수 없다. 각기 다른 방식으로 우리 삶에 깊은 영향을 미치며, 마음속에 따뜻함을 불러일으키는 그 자체로 삶의 축복이다.

먼저, 부모님과의 추억은 우리 인생의 첫 페이지를 장식하는 소중한 이야기이다. 어린 시절, 부모님 손을 잡고 공원에서 뛰어놀던 기억, 생일날 아침 가족이 함께 웃으며 나누던 작은 케이크, 시험이 끝난 후 아버지와 나누었던 대화 한마디까지, 순간순간이 모여 오늘의 우리가 되도록 만들어 준다. 부모님은 우리의 첫 스승이자, 인생의 가장 든든한 지원자이다. 부모님이 우리를 위해 쏟아준 사랑과 노력은 시간이 지나도 변치 않는 소중한 기억으로 남는다.

형제자매 간의 우애는 말로 다 표현할 수 없는 끈끈한 사랑이다. 함께 자라면서 겪었던 작은 다툼과 화해, 장난스러운 농담, 서로를 지켜주고 위로해주던 순간들 속에서 자연스럽게 쌓여가는 믿음은 그 어떤 관계보다도 견고하다. 성인이 되어서도 서로에게 가장 가까운 조언자이자 든든한 버팀목이 되는 형제자매는 인생의 긴 여정에서 언제나 곁에 있어 주는 소중한 존재다. 서로의 기쁨을 나누고, 슬픔을 감싸주는 우애는 가족이라는 이름으로 자란 진정한 사랑의 울타리다.

친구 간의 우정은 또 다른 형태의 가족과 같다. 서로의 고민을 나누고, 때로는 말없이 곁에 있어 주는 것만으로도 세상에 대한 두려움을 이겨낼 수 있게 도와준다. 때로는 가족보다 더 깊이 서로를 이해하고, 삶의 여러 갈림길에서 서로를 지탱해주는 친구와의 우정은 인생을 더욱 풍성하게 만들어 준다. 이처럼 부모님의 추억, 형제자매 간의 사랑, 그리고 친구 간의 우정은 각기 다른 모습으로 우리에게 삶의 의미를 부여하고 있다. 이 세 가지 관계는 우리가 살아가는 데 있어 가장 큰 힘과 위안을 주는, 그 무엇과도 바꿀 수 없는 소중한 선물이다. 조성순의 수필 속에 이 세 가지가 남다르게 담겨있다.

> 아버지는 올해 일흔넷이 되셨다. 지병이 있어 해마다 같은 시기에 두 차례 입원하신 적이 있었다. 공교롭게 채송화씨를 뿌리고 나서였다. 병원에서 아침이면 전화로 잠을 깨워 주시곤 했다. 전화를 받으면 제일 먼저 하시는 말씀이 채송화에 물 주고 출근해라였다. 퇴근길에 병원에 들르면 아직 채송화가 안 피었느냐고 물으시며 베란다의 꼬마 화분들을 궁금해 하셨다.〈중략〉아버지! 올해는 채송화에 물 안 줄 거니까 아버지가 주세요
>
> —「아버지의 채송화」일부

아버지와 함께 생활하던 때를 추억한 작품이다. 조성순 수필가의 첫 번째 수필집『아버지의 뒷모습』머리말을 보면 집을 수리하고, 수필 공부도 하고, 백두대간을 타는 동안 응원해주신 아버지가 계셨다. 그 수필집을 읽어보면 아버지는 꽃을 좋아하며 착한 삶을 고스란히 안고 사신 분 같다. 내용 중에 아버지는 꽃을 참 좋아하셨다. 베란다에 작은 화분을 가득 채운 채송화들이 그 증거다. 해가 뜨거워지기 시작할 무렵, 아버지는 하나둘 피어나는 꽃을 보며 흐뭇한 미소를 지으셨다. 매일 아침마다 물을 주시며 꽃잎을 손끝으로 살짝 어루만지시던 그 모습이 아직도 눈에 선하다. 그러던 어느 날, 아버지는 병원에 입원하게 되셨다. 몸이 많이 불편하셨음에도 집을 떠나시기 전, 딸의 손을 꼭 잡고 당부하였다. '채송화 물 주는 것 잊지 마라.' 아버지에게 채송화는 그저 화분 속의 꽃이 아니라, 당신의 마음을 담은 작은 생명이었을 것이다. 시간이 흐를수록 아버지의 빈자리가 커졌다. 하지만 베란다에 핀 채송화들은 여전히 그 자리를 지키며 아버지의 손길을 기억하고 있다. 아버지가 하시던 대로 정성껏 물을 주었지만, 매번 물을 주는 순간마다 아버지의 부재가 인식되는 아련한 추억이다. 아버지가 돌아가신 후에도 베란다에 남은 채송화들은 매년 피고 졌다. 꽃을 볼 때마다 아버지와 함께한 시간들이 떠올랐다. 베란다에 서서 아버지의 목소리를 떠올리며 채송화에 물을 주는 지금, 그 작은 꽃들이 아버지의 마음을 전해주는 듯하다고 연상한다. 채송화 꽃에 대한 아버지와의 추억은 단순한 꽃의 이야기가 아닌 프리즘으로 투영되는 추억의 간이역이다.

> 갯벌이 그린 그림에는 바다로 가는 길이 있다. 엄마의 주름살 같아 가슴이 아리는 길, 길이 있으면 모든 생물도 모이게 마련인지 조개를 잡기 위해 사람들도 모여들었다. 갯벌에 생긴 물길은 누구도 흉내 낼 수 없는 바다의 숨길인가 보다. 석양에 물드는 바다에 우뚝한 풍력발전기의 바람개비, 신호등과 무관하게 달빛 따라 길이 열리는 바닷길, 이 모든 풍경을 놓치지 않으려면 하루는 너무 짧다. 오전과 오후의 일정을 달리했다면 어땠을까.
>
> – 「바다의 숨길」 일부

잔잔한 파도는 마치 어머님의 주름살을 닮았다. 바람에 살짝 흔들리며 스치는 물결이 인생의 순간순간들을 품고 있는 얼굴의 주름처럼 느껴진다. 그 주름살 하나하나에 담긴 이야기들은 바다의 깊이만큼이나 크고 넓다. 어머님의 주름진 세월을 바라볼 때마다 마음 한구석이 아려온다. 주름은 단순한 시간이 만든 흔적이 아니라, 우리를 위해 흘린 땀방울과 눈물, 웃음의 자국이다. 그 모든 세월이 고스란히 담겨있어 더욱 안타깝다. 한때는 꽃같이 피어나던 청춘이 이제는 깊이 새겨진 세월의 주름으로 남았지만, 그 속에는 한없이 따뜻하고 넓은 사랑이 가득하다. 잔잔한 파도는 다시금 바다로 스며들고, 어머님의 세월은 우리 가슴속에 영원히 남는다. 갯벌이 그린 그림에는 갯벌에 생긴 물길이 어머님의 주름살로 연상된 추억이 자리잡고 있다. 어머님이 가슴속에 머무르면 바른길을 걸을 때 칭찬해주고, 잘못된 길일 때는 회초리를 들어 사람이 되게 만들어 가는 관조가 된다.

언젠가, 땡볕 속에서 뛰놀던 한 아이를 꿈속에서 만날 쯤 잠에서 깬 적이 있었다. 며칠 후 신기하게 똑 같은 꿈을 다시 꾸었는데 그 아이를 기다릴 시점에서 여기서 깨면 안 된다는 생각을 했다. 그럼에도 꿈속에서 그 친구를 만나지는 못했다. 짧고 강렬했던 그해 여름도 어렴풋하고 함께했던 친구도, 작렬하던 태양도 시들었다. 그 날을 보자기에 싸서 가져올 수만 있다면 마술처럼 '땡볕 냄새'가 펼쳐질까.

- 「땡볕 냄새」 일부

닿을 수 없는 시공간을 꿈꾼다. 쪼그리고 앉아 감꽃을 줍던 계집아이가 까까머리 사내아이를 가슴에 품었었나 보다. 떨떠름하게 끝이 난 풋사랑이 노을 속에서 되살아났다. 지인의 상가에서 만나 새벽이슬 내리는 감나무 가로수 길을 따라 기차역까지 배웅해 준 기억이 가을앓이의 실체였을까? 상황에 밀려 어긋난 사랑, 꽃이 피면 보자고, 첫눈 내리면, 가을비 오는 날 술 한 잔 하자고 누구도 입 밖에 내지 않은 말을 홀로 믿었다. 박제된 기억, 실체 없는 이론 속에서 시나브로 외로움이 쌓였던 걸까, 감나무 한 그루 울안에 들이지 못한 결핍이 거리의 감나무를 욕심내고 있었나보다.

- 「노을의 눈물」 일부

부모님을 추억하다 보면 조성순 수필가의 첫사랑도 살포시 엿볼 수 있다. 첫사랑은 마음으로 이루어지기 때문에 상대방은 나의 첫사랑인지 알지도 못하는 경우도 있다. 한 아이를 꿈속에서 만날 즈음, 잠에서 깨어났다. 그 얼굴이 아련하게 남아 있었지만, 결국 꿈속에서조차 만나지 못했다. 며칠 후, 다시 같은 꿈을 꾸었다. 그때도 마찬가지였다. 그 아이를 만나기 직전에 눈을 떴다. 꿈속에서조차 우리 사이에는 알 수 없는 거리가 존재하는 듯했다. 어릴 적 그 아이와 함께했던 추억들이 떠오른다. 새벽 이슬이 맺힌 감나무 길을 함께 걸으며, 마을을 벗어나 기차역까지 그 아이를 배웅하던 기억, 무언가를 이야기하고 싶었지만, 마음속 깊은 곳에 숨겨두고 말할 용기를 내지 못했던 수필가의 어린 마음, 그저 옆에 있어 주는 것으로 만족하려고 했던 그 시절의 그녀는 너무도 소극적이었다. 기차가 떠날 때, 말없이 손을 흔들었고, 그 아이는 멀어져 갔다. 다시 만나자는 말, 보고 싶다는 말조차 꺼내지 못한 채 그렇게 헤어졌다. 마음속엔 늘 그리움으로 남았지만, 그 감정이 사랑이라는 것을 깨닫기엔 너무 늦었다. 꿈속에서 다시 그 아이를 만나는 건 어쩌면 내 가슴 속 깊이 남아 있던 첫사랑의 흔적이자, 그리움의 실체였을 것이다. 이루어지지 않은 첫사랑은 언제나 아련하게 남아 있는 법이다. 조성순 수필가가 하지 못한 말들과 전하지 못한 감정들이 마음속에서 여전히 맴돈다. 그 아이를 꿈속에서 만난다는 것은, 결국 그때 하지 못한 말들에 대한 후회와 아쉬움 때문일지도 모른다. 조성순 수필가가 마음속에 담았던 첫사랑을 끝내 말로 표현하지 못했듯 수필 속에서도 하고 싶은 말을 다하지 못하고 여백으로 남기고 있다. 그래서 조성순 수필가의 작품은 곱씹을수록 맛을 더 느낄 수 있다.

2023년 『한국문학인』에 발표된 「초록눈물」의 내용은 시장에서 가게를 운영하고 있던 언니가 가게를 접는 안타까운 마음이 담겨 있다. 암에 걸려 더 이상 가게를 유지할 수 없고, 항암치료의 힘든 과정을 지켜보며 빨리 회복되기를 간절하게 염원하는 내용이다. 이 작품이 여러 사람의 심금을 울리고 감동을 주어 '한국문학인상'을 수상하는 영광을 안았다. 형제들 모두 시상식장에 참석하였고, 특히 「초록눈물」의 주인공이었던 언니가 암에 걸린 불편한 몸으로 참석하여 모두의 박수를 받았다. 필자는 한국문협 이사로 현장에 있어서 감동의 순간을 지금도 기억하고 있다. 아버지의 부재 속에서도 형제간에 아끼는 사랑이 조성순 수필가가 수필을 쓰는 원동력이 되었을 것이라 짐작한다.

장터목에 도착했다. 산장전경이 훤히 보이는 위치로 간다. 어설프지만 품에 안듯이 사진으로 저장해본다. 산장에서 밤을 보낸 건 열 손가락을 넘지 않지만 오랜 친구들과의 많은 추억이 있어 뭉클한 장소다. 밤낮없이 산에서 보낸 시간이 스친다. 눈 쌓인 날엔 어묵탕에 따끈한 정종 한 잔 하고, 햇살 좋은 가을날의 하늘만큼 높았던 웃음소리, 비오는 날 취사장 처마 끝에서 빗물 섞인 밥을 나눠먹던 별이 된 친구, 지리산 골짜기마다, 능선마다 그 친구가 서려있다.〈중략〉

아~ 나는 부자다. 이 넓은 산하, 그것도 지리산에서 별무리를 보고 해 뜨는 순간까지 맞이했다. 이 장엄한 풍경을 누릴 수 있도록 도와준 친구들이 고맙다. 장터목산장에 먼저 도착해서 짐을 풀고 다시 내려와 내 배낭을 메고 올라간 '산의 친구' 황서현, 내려올 때 더 휘청거리자 자기 배낭 위에 내 배낭을 얹고 하산한 '산으로' 연규남. 그들이 아니었으면 엄두도 못 냈을 산행이었다. 산행이 남긴 근육통으로 일주일을 어기적거렸지만 심적으로 자신감이 생기는 터닝 포인트가 되었다. 그 중심에 장터목산장이 있다.

- 「장터목산장」 일부

산을 함께 오르며 나눈 우정은 일상에서 경험하지 못한 특별한 가치를 지닌다. 등산할 때 함께 한 친구는 단순한 산행 이상의 의미를 갖고 있다. 힘든 오르막길에서 서로의 발걸음을 맞추고, 짐이 무거울 때는 말없이 배낭을 대신 메어주던 그 친구의 모습은 깊은 신뢰와 배려의 상징이다. 산 정상에 오르며 느낀 성취감과 그 너머로 펼쳐진 아름다운 풍경을 함께 감상하는 순간은 우정을 더욱 단단하게 하고, 저녁이 되어 산에서 함께 고기를 구워 먹고 술 한잔을 나눴던 이야기는 그저 평범한 대화가 아니다. 깊은 산속의 고요함 속에서 서로의 속마음을 털어놓고, 웃고, 때론 묵묵히 침묵을 나누며 진정한 친구의 의미를 새기게 된다. 힘들 때 기꺼이 내 짐을 대신 들어주던 그 친구, 하산할 때는 내 어깨에 다시 그 짐을 얹어주면서도 미소 짓던 그 모습은 친구 이상의 동반자를 느끼게 했음이 분명하다. 함께 고생을 나누고, 즐거움을 나누며, 산속의 추억을 쌓아가던 그 순간들은 단순히 시간이 흘러도 잊혀지지 않을 것이다. 친구와의 우정은 그런 작은 배려 속에서 빛을 발한다. 힘든 순간 서로에게 의지하며 걸었던 그 길은 단순한 산행이 아니라 우리 삶 속의 작은 축복이다. 이 우정은 두고두고 가슴 속에 따뜻하게 남아 조성순 수필가에게 살아가는 원동력이 되고 수필의 제재가 되기도 한다.

4. 나가며

지금까지 조성순 수필가의 작품을 살펴본 느낌을 소회하였다. 그녀가 바라보는 수필의 세계는 자연 스케치에 있다. 담 밑에 피는 작은 채송화부터 장터목 지나 지리산을 그리는 원대한 화폭까지 다양하게 녹아든 그리움이 그려져 있다. 작품의 대상을 세밀하게 묘사하기보다 사물에 생각을 이입하여 자신의 세계를 관조하고 있다. 관조는 사물이나 현상을 주의 깊게 바라보고, 이를 통해 깊이 있는 통찰을 얻는 상태를 의미한다. 조성순 수필가의 대부분의 작품은 여행을 통하여 얻어진다. 외부 세계나 자신의 내면을 관찰하면서 거기에 몰입하지 않고, 거리를 두고 차분하게 바라본다. 감정이나 욕망에 휘둘리지 않고, 사물의 본질을 있는 그대로 받아들이는 태도를 보인다. 이런 일상 속에서 번잡함을 벗어나 자신의 생각이나 감정을 고요하게 관찰함으로써 더 깊은 이해와 깨달음을 얻을 수 있다. 사물을 섣불리 판단하지 않고, 있는 그대로 바라보는 것이다. 또한 가족 특히 아버지에 대한 추억과 형제간의 우애 그리고 우정이 담겨있다. 조성순의 수필은 마음을 따라가 보면 외부 상황에 휩쓸리지 않고 평온함을 유지하며, 더 넓은 시야로 삶을 대하고 있다. 따라서 불필요한 부분은 과감하게 생략하고 자신이 바라보는 세계를 확장 시켜 그려내고 있다. 그 세계 속에는 모두가 겪었음 직한 가정사, 일상의 경험, 이별, 아픔이 담겨있다. 스케

치의 행간마다 감동과 긴 여운이 수필집 한 권에 삶의 여정으로 채워져 있다.

조성순 수필집

막걸리 커피

ⓒ 조성순, 2024

발 행 일	2024년 11월 11일
지 은 이	조성순
발 행 인	이영옥
편　　집	송은주
펴 낸 곳	도서출판 이든북
출판등록	제2001-000003호
주　　소	대전광역시 동구 중앙로 193번길 73
전화번호	(042)222-2536
팩시밀리	(042)222-2530
전자우편	eden-book@daum.net
공 급 처	한국출판협동조합
주문전화	(02)716-5616
팩시밀리	(031)944-8234~6

ISBN 979-11-6701-317-0 (03810)
값 13,000원

* 잘못된 책은 바꾸어 드립니다.
* 이 책 내용의 일부 또는 전부를 재사용하려면 반드시 저자와 이든북 양측의 동의를 받아야 합니다.

* 이 책은 2024년도 대전광역시 대전문화재단에서 사업비를 지원받아 발간하였습니다.